青少年
体育活动课程设计
羽毛球运动

体育活动课研创组　编

人民邮电出版社

北京

图书在版编目（CIP）数据

青少年体育活动课程设计. 羽毛球运动 / 体育活动
课研创组编. -- 北京 : 人民邮电出版社，2022.8
ISBN 978-7-115-58513-4

Ⅰ. ①青… Ⅱ. ①体… Ⅲ. ①体育活动－青少年读物
②羽毛球运动－青少年读物 Ⅳ. ①G8-49②G847-49

中国版本图书馆CIP数据核字(2022)第011884号

内 容 提 要

　　"青少年体育活动课程设计指导丛书"面向负责学校体育活动的组织者，以促进青少年健康发展为基本理念，提供了一系列关于开展体育活动课程的丰富参考内容，涉及体能训练、篮球、足球、羽毛球、乒乓球等体育活动的具体实施方案。

　　本书首先介绍羽毛球运动的起源与发展、场地与装备、简单规则等基础知识，然后针对课程实施过程中会用到的热身与放松、羽毛球技术和组织训练方法进行具体介绍，基于此提供了 16 个实操性较强的课程方案，每节课程均按照热身活动、技术教学、组织训练和放松活动的顺序合理地安排教学，寓教于乐，旨在为青少年体育教育课程的设计者和开发者提供有效参考，进而为青少年提供有趣又科学的体育活动。

　　◆　编　　　　　体育活动课研创组
　　　　责任编辑　　林振英
　　　　责任印制　　马振武
　　◆　人民邮电出版社出版发行　　北京市丰台区成寿寺路 11 号
　　　　邮编　100164　　电子邮件　315@ptpress.com.cn
　　　　网址　https://www.ptpress.com.cn
　　　　三河市君旺印务有限公司印刷
　　◆　开本：700×1000　1/16
　　　　印张：8.25　　　　　　　　2022 年 8 月第 1 版
　　　　字数：170 千字　　　　　　2025 年 9 月河北第 5 次印刷

定价：49.80 元

读者服务热线：**(010)81055296**　印装质量热线：**(010)81055316**
反盗版热线：**(010)81055315**

编委会

前言

各类报道显示，我国中小学生体质指标在近 20 年内呈总体下滑趋势，成为后续"亚健康"问题的源头，也给社会带来了深深的隐忧。在数字互联网和人工智能飞速发展的大时代背景下，体育运动对促进儿童青少年身心的全面协调发展更加具有不可替代的重要作用，儿童青少年身体素质的发展将直接影响到中华民族伟大复兴战略目标的实现，这也是当前"双减"政策出台的重要背景之一。

著名教育学家蔡元培先生说过，"完全人格，首在体育"。强健学生体魄，帮助下一代培养健康积极的生活习惯和运动家精神，有利于其正确人生观和价值观的塑造，也是民族复兴的百年大计。实际上，体育是学生全面发展的基础，强健的体魄和良好的运动能力不仅能提高学生的身体素质，也可以间接地提高学生的学习效率，促进德、智、美、劳的全面发展。孩子要健康成长，形成良好的锻炼习惯和掌握科学的训练方法非常关键，而学校体育课是孩子掌握体育技能和练习方法最重要的阵地，特别是针对当前火热的球类运动教学，如羽毛球、篮球、足球、乒乓球等，体育课需要更加结构化和科学化，需要系统地安排热身活动、放松运动，在技术教学的同时进行多元化组织设计，嵌入符合年龄特点的游戏和互动环节，调动学生的兴趣和积极性。

本书主要适用于学校负责开展体育活动的教师，包括专职体育教师、兼职体育教师、各类体育活动组织者等，以中小学生作为授课对象，贯彻科学练习、寓教于乐的原则，让儿童青少年增强体质、提升技能的同时，更好体会到球类运动的魅力。

全书共 6 章，第 1 章是关于羽毛球的简单小知识，便于教师开课时进行基础性的介绍；第 2~4 章分别对热身与放松、羽毛球技术和组织训练方法进行具体介绍，详细阅读这一部分，可以帮助课程实施者掌握动作要点，可以正确有效地指导学生的动作；第 5 章提供了16 个课程方案，每节课程由热身活动、技术教学、训练组织与放松活动四个部分组成，将羽毛球技术与集体游戏融合于一体，可以帮助教师完成一节内容丰富、结构完整的羽毛球课；最后第 6 章提供一些关于运动损伤防护和应急处理小知识，帮助降低学生受伤风险，让教师更加科学、安全、系统地安排好教学课程。

需要注意的是，本书第 5 章所介绍的 16 个课程方案是一套完整的学期课程内容，方案中每个身体练习或技术动作都可按照书中对应页码找到详细讲解。在实际教学中，教师可按照本书提供的课程顺序进行一学期的教学，也可针对不同年龄学生选取部分课程进行教学。此外，教师也可以根据学生的技能水平情况及场地设施条件，对书中的各部分内容进行针对性的调整，增加课程的新鲜感和互动性，帮助学生更好地掌握羽毛球技术与技能，提升身体素质和增强运动表现，进而最大限度地激发学生的运动热情。

CONTENTS **目录**

第 1 章　羽毛球小知识

第 2 章　热身与放松

目录 CONTENTS

第3章　羽毛球基础技术

第4章　羽毛球组织训练方法

CONTENTS **目录**

第 5 章　课程组织方案

第 6 章　常见运动损伤与预防

掌握教学技能
提升专业素养

扫描本书二维码，获取正版专属资源

智能阅读向导为您严选以下专属服务

会员专享
教育工作者必备干货合集，提高你的教学能力

教学图解
体育课堂必备图解，总结羽毛球教学的关键点

教育报告
行业报告在线查阅，紧跟教育政策导向

教育理论
名家分享教育理念，助力提升专业素养

★ 记【读书笔记】随手记录体育教学心得与体会
★ 加【交流社群】与教育工作者展开交流与探讨

操作步骤指南

① 微信扫描左侧二维码，选取所需资源。
② 如需重复使用，可再次扫码或将其添加到微信"⊙收藏"。

扫码添加智能阅读向导

第1章

羽毛球小知识

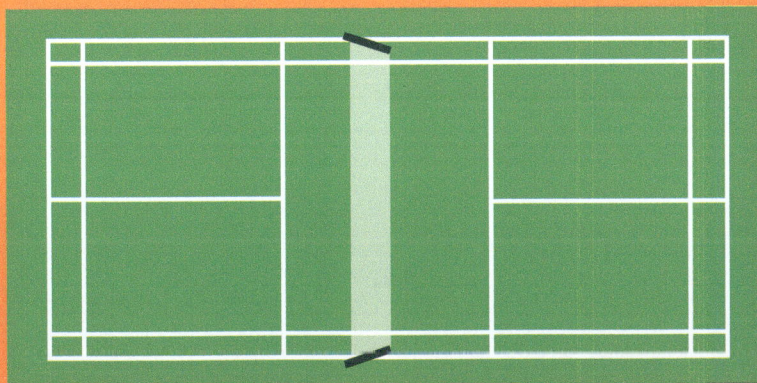

1.1 起源与发展

羽毛球的起源被认为与中国的打手毽、板羽球，印度的浦那运动，以及日本的用木质球拍来回击打插羽毛的樱桃核运动有关。现代羽毛球公认源于印度的浦那运动，形成于英国。因极具趣味性，这项运动很快在英国流行起来。1992年，羽毛球成为奥林匹克运动会的正式比赛项目。

观赏点

- 高水平的运动员在高速击球的同时，能够利用假动作、变换握拍方式、改变击球力度和角度、使用不同战术来增加比赛的悬念和激烈程度。在双打比赛中，同队的两位运动员的相互配合和攻防转换也是一大观赏点。

1.2 场地与装备

羽毛球场

羽毛球场地呈长方形，长度为13.40米，单打场地宽度为5.18米，双打场地宽度为6.10米。球场的界线要用白色、黄色或者其他容易辨别的颜色来画。羽毛球场地横向被中线分为左半区和右半区，纵向被分为前场、中场和后场。

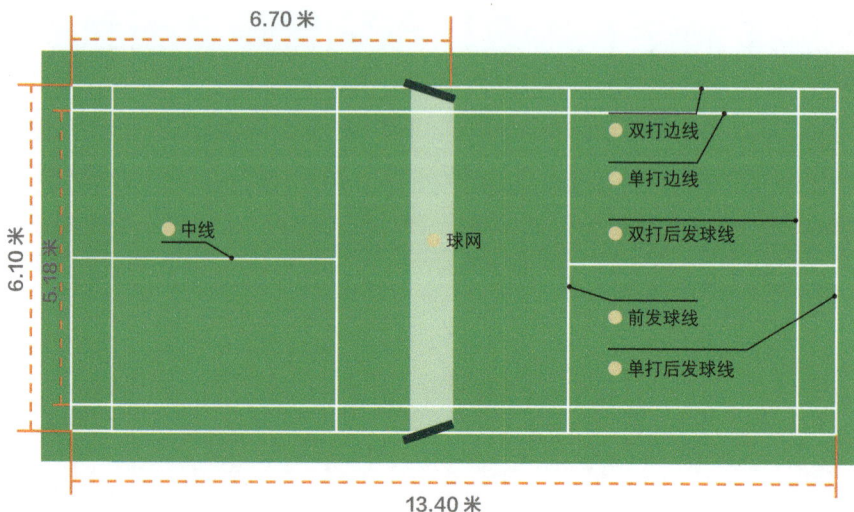

6.70米

6.10米

5.18米

- 中线
- 球网
- 双打边线
- 单打边线
- 双打后发球线
- 前发球线
- 单打后发球线

13.40米

● <mark>单、双打边线</mark>

单、双打边线不同，单打边线为靠里面的那条线，双打边线为靠外面的那条线。

● <mark>单、双打底线</mark>

单、双打底线均为最外侧的底线。

上图中黄色区域为单打发球区，运动员需在该区域内发球；红色区域为双打发球区。

球拍

羽毛球的球拍由拍框、拍杆和拍柄几部分组成。球拍的参数决定了其属于进攻型还是技巧型两种比赛风格，对应着使用不同球拍的运动员的风格。

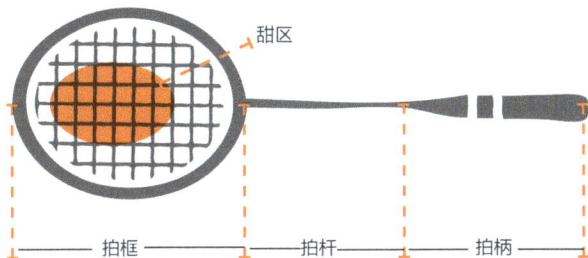

甜区

拍框 —— 拍杆 —— 拍柄

● <mark>甜区</mark>

羽毛球拍面的有效击球区。

球拍上通常标注着 U 和 G 两个重要参数。U 代表质量，数值越小则球拍越重；G 代表拍柄的粗细，数值越小则越粗。

羽毛球

羽毛球有 16 根羽毛固定在球托上，每一根的长度为 62~70 毫米，每一个球上的羽毛长度要保持一致。

● 羽毛
羽毛笔直粗壮，不易折断

● 线圈
线圈细致整洁

● 球托
软木球头，弹性好，耐打性很出色

1.3 简单规则

发球和击球区域

单打发球和击球区域

球落点有效区(含压线)

发球区域

单打发球

单打球落点有效区（含压线）

单打击球

双打发球和击球区域

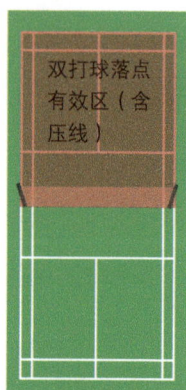

把球发到此处

发球区域

双打发球

双打球落点有效区（含压线）

双打击球

发球规则

1. 单、双打都需要按照对角线接发球，发球员和接球员需要站在规定的区域内，发球员发球时两只脚需着地，不可踩线。

2. 发球时，球的位置要低于发球员的腰部，击球瞬间，球拍杆应指向下方，使整个拍头低于持拍手的手部。

3. 发球方每个回合只有一次发球机会。

4. 双打中，发球员和接球员的队友站位不受限制，可以与发球员和接球员站在同一侧，也可以站在另一则。

5. 当发球方的分数为双数时，发球方在右半场发球，否则在左半场发球。赢球的一方作为下一回合的发球方。

6. 双打的规则略微复杂一些，发球方的分数为双数时其在右半场发球，否则在左半场发球。发球方得分时发球方两名球员交换位置，其他情况下位置不变。

计分方法

- 除非另有商定，一场比赛以三局两胜定胜负。每局比赛中，率先得 21 分且领先对手 2 分及以上者为胜；20：20 平后，率先领先对手 2 分者为胜；29：29 平后，率先得 30 分者为胜。

第 2 章
热身与放松

2.1 弓步跳

训练部位 臀部、下肢

主要肌肉 股四头肌、臀肌、比目鱼肌、

腓肠肌

POINT 要点提示

弓箭步时，膝关节和脚尖的方向保持一致，均始终朝前。之后向上跳起时呼气，落地时吸气。

动作步骤

1. 身体呈弓步姿势。前侧腿的大腿与地面接近平行，后侧腿膝关节几乎触地。挺胸收腹，下颌微收，双臂放在身体两侧，自然下垂。

2. 双脚蹬地发力向上跳起，并交换双腿的前后位置，同时双臂向上摆动。

1

2

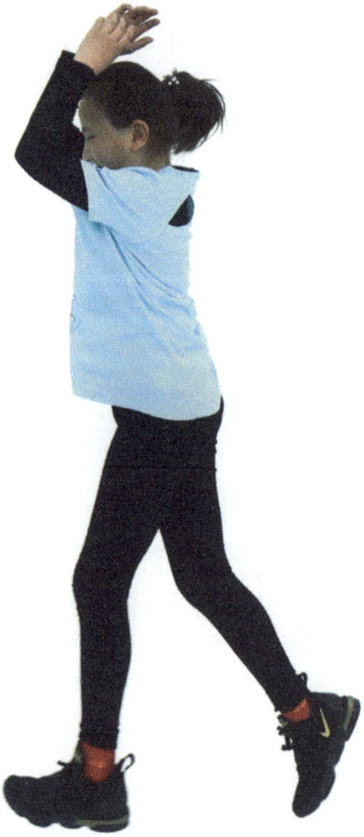

2.2 开合跳

训练部位　全身

主要肌肉　臀肌、股四头肌、腓肠肌、比目鱼肌

POINT　要点提示

跳跃和落地过程中核心收紧，同时控制膝盖和脚尖方向一致向前。

动作步骤

1. 身体直立，双脚分开，与肩同宽，双臂自然垂于身体两侧。

2. 保持腹部收紧，双腿蹬地发力，向上跳起；双臂伸直，沿身侧打开上移并在头顶上方双手轻轻触碰。同时双腿分开。落地的同时，双臂下摆，双脚靠拢。重复以上步骤，并完成规定的次数，回到准备姿势。

2.3 | 站姿菱形肌拉伸

训练部位 背部

主要肌肉 菱形肌

POINT ▶ 要点提示

手臂用力向前伸，低头含胸，将后背弓起。

动作步骤

身体呈站立姿势，双臂向前伸直，双手十指交叉，掌心相对。低头含胸，双臂尽可能前伸，保持一定时间，感受后背肩胛骨区域的拉伸感。

其他角度

2.4　弓步转体髂腰肌拉伸

训练部位　躯干、下肢

主要肌肉　髂腰肌、股四头肌、臀肌、腹内斜肌、腹外斜肌

动作步骤

1. 左腿向前迈一大步，屈膝呈弓步，双手置于左腿大腿前侧。上半身保持直立，不要来回晃动。

2. 在基本姿的基础上，双手置于身体的一侧并略微向该侧扭动身体，呼吸平稳，保持拉伸动作一定时间。对侧亦然。

其他角度

2.5 站姿肩外旋肌拉伸

训练部位 肩部

主要肌肉 肩外旋肌群

动作步骤

身体直立，一侧手背过身后，另一侧手从身前抓住对侧肘部，使其轻微向前内旋以进行拉伸。保持一定时间，感受肩关节的拉伸感。对侧亦然。

其他角度

2.6　跪姿背阔肌拉伸

训练部位　肩部、背部和髋部

主要肌肉　背阔肌

拉伸时，背部挺直，肩部与颈部保持放松，不要耸肩。当身体向前倾时，深呼气；在拉伸过程中，均匀地呼吸。

动作步骤

身体呈俯身跪姿，臀部向下坐于脚后跟上；背部尽量挺直，双臂伸直过头顶，前臂、双手触地，指尖朝前，面部朝地。整个拉伸动作持续 10 ~ 30 秒。保持拉伸动作，直至达到规定时间。

其他角度

2.7 猫狗式

训练部位	躯干（胸椎）
主要肌肉	背阔肌、菱形肌、腹肌和肩部肌群

POINT 要点提示

注意动作与呼吸的配合，不要憋气。

动作步骤

1. 呈俯身跪姿，双臂伸直，双手撑地，指尖朝前；背部挺直，与地面基本平行；目视双手方向。

2. 呼气，腰背部尽可能地向下弯曲，头部抬起，拉伸动作保持 2 秒左右。

3. 收腹收臀的同时吸气，腰背部尽可能地向上拱起，拉伸动作保持 2 秒左右。再重复步骤 2、步骤 3 的动作，完成规定次数。

2.8　侧卧股四头肌拉伸

训练部位　下肢

主要肌肉　股四头肌和屈髋肌群

POINT　要点提示

保持背部挺直，拉伸时拉伸腿尽量抬离地面。

动作步骤

1

1. 身体呈右侧卧姿，头枕于右臂上；屈髋屈膝，左臂伸直，左手握住左脚脚踝。

2

3

2. 左手将左腿向左侧臀部后拉，直至左腿股四头肌和屈髋肌群有中等程度的牵拉感，保持一定时间。

3. 恢复初始动作，换至对侧重复以上动作。

2.9 4 字拉伸

训练部位 臀部和下肢

主要肌肉 臀肌和梨状肌

POINT 要点提示

当双手抱住大腿拉向胸部时，深呼气。在保持拉伸过程中，均匀地呼吸。

动作步骤

1. 身体呈仰卧姿，双腿弯曲，右脚交叉置于左腿大腿上，呈"4"字形；双手交叉抱住左腿大腿，将左腿抬离地面。

2. 双手继续抱住左腿大腿并将其拉向胸部，直至目标肌肉有中等程度的牵拉感。保持拉伸动作，直至达到规定时间。对侧亦然。

1

2

2.10 最伟大拉伸

训练部位 全身

主要肌肉 髋关节肌群、腘绳肌、腓肠肌、臀大肌

POINT 要点提示

动作全程始终保持核心收紧。手臂向上伸展时，要完全打开，且后腿伸直。

动作步骤

1. 直立，双脚分开约与肩同宽，两臂自然放在身体两侧，目视前方。

2. 右腿支撑身体，左腿屈膝抬起。

3. 左腿向身体前方跨出一大步，屈膝 90 度，右腿伸直，呈左弓步姿势。右臂伸直撑地，左臂屈肘贴向左脚内侧的地面，保持动作 1~2 秒。

4. 左臂从左脚内侧向左上方打开至双臂在同一直线上，保持动作 1~2 秒。

5. 落下左臂，双手置于左侧大腿两侧保持双脚位置不动，重心后移，至左腿伸直右腿屈膝。恢复为初始姿势。换另一侧做同样动作，完成规定次数。

2.11 毛毛虫爬

训练部位 全身

主要肌肉 核心肌群

动作步骤

1. 身体呈基本站姿，双脚开立，双臂自然下垂，置于身体两侧。

2. 身体前俯，呈俯撑姿势，双手双脚撑地。核心收紧，双手交替前爬。

3. 一直爬行至身体呈一条直线，即从侧面看，头部、肩膀、臀部、膝关节、踝关节都位于一条直线上。

4. 头部上抬，上身挺起，腰部、臀部下降，身体呈反弓形，但腹部不着地。

5. 从反弓形恢复至俯撑姿势，双手撑地，双脚交替前爬，向双手靠近。

6. 站起，恢复为站立姿势。

2.12 波比跳

训练部位　全身

主要肌肉　核心肌群、下肢肌群、上肢肌群

后背始终保持挺直。下蹲做俯卧撑动作时，核心收紧。

动作步骤

头部、肩部、臀部、踝关节呈一条直线

1. 保持直立姿势，双脚略分开，双臂自然下垂，置于身体两侧，目视前方。

2. 下蹲，脚尖点地，双手撑地。

3. 保持双手撑地，双腿发力向后蹬，呈俯撑姿势，然后完成一个俯卧撑动作。

4. 双脚蹬地发力，向前收回双腿，恢复下蹲姿势。

5. 跳起，身体伸展打开，双臂伸直，举向头顶并击掌。

6. 恢复初始姿势。重复动作。

2.13 | 登山步

训练部位 核心

主要肌肉 核心肌群

POINT 要点提示

动作全程始终保持核心收紧。向前做登山动作的腿的膝盖不能着地。

动作步骤

1

1. 身体呈四点支撑的俯撑姿势（双手和双脚脚尖着地）。保持双手支撑于肩部的正下方，距离与肩同宽，双臂伸直。双脚并拢，脚尖触地支撑。

2

2. 保持腹部收紧，一侧腿屈髋屈膝至髋部下方，然后屈膝腿向后回到起始姿势。

3. 换至对侧，重复以上步骤。两侧交替进行并完成规定的次数或时间。

3

2.14 相扑蹲起

训练部位 下肢

主要肌肉 股四头肌、臀肌、腘绳肌、腓肠肌、比目鱼肌

动作步骤

1. 身体呈直立姿站立。双腿伸直，双脚分开略大于肩宽，挺胸收腹，下颌微收，双手自然垂于身体前侧。

2. 保持背部挺直，腹部收紧，屈髋屈膝下蹲，至大腿约与地面平行，后快速站起，回到起始姿势，重复规定的次数。

2.15 小碎步

训练部位 下肢

主要肌肉 股四头肌、小腿三头肌、臀

肌、踝部肌群

始终保持背部挺直，核心收紧。动作由慢转快，最终达到最快跑动频率。双臂前后摆动，避免左右摆动。

动作步骤

1. 身体呈运动姿势站立，双脚间距略比肩宽，手臂呈前后摆臂状，重心位于前脚掌。

2. 保持背部挺直，以较高的频率进行碎步跑运动，同时缓慢向前移动。手臂始终保持较低的摆臂频率。控制脚步节奏由慢变快，至最大速度后尽可能保持几秒再减速，尽可能保持上下肢的协调性。碎步移动结束后，可以继续向前跑动 5~10 米进行放松。

2.16 抱膝前进

训练部位　臀部

主要肌肉　臀大肌

POINT　要点提示

在拉伸过程中保持背部挺直与稳定。

动作步骤

1. 身体直立，双脚间距与肩同宽，腹部收紧，挺胸抬头，目视前方。

2. 抬右膝至腰部，双手抱右腿小腿前侧向上提拉。左脚全脚掌撑地，作为支撑腿。保持背部挺直，拉伸动作持续 1~2 秒。右脚向前落地。

3. 换至另一侧，循环进行，直至完成规定次数。

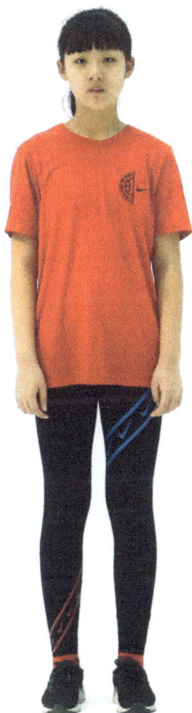  

2.17 侧弓步

训练部位 下肢和髋部

主要肌肉 大腿内侧肌群、腘绳肌

保持胸部和背部挺直，脚尖始终向前，保持重心稳定且膝关节不要超过脚尖。

动作步骤

动态 / 静态

1. 身体直立，双脚间距与肩同宽，腹部收紧，挺胸抬头，目视前方。

2. （动态）右脚向右侧迈步，呈侧弓步，身体重心移至右腿；双脚脚尖朝前，全脚掌贴地。双臂前平举，与肩同高，掌心朝下；同时身体下蹲，左腿伸直。恢复起始姿势。换至对侧，两侧交替进行，直至完成规定的次数。

（静态）右脚向右侧迈步，呈侧弓步，身体重心移至右腿；双脚脚尖朝前，全脚掌贴地。双臂前平举，与肩同高，掌心朝下；同时身体下蹲，左腿伸直，保持拉伸动作至规定时间。恢复起始姿势，换至对侧进行。

2.18 单腿屈髋拉伸

训练部位	下肢
主要肌肉	腘绳肌

POINT　要点提示

拉伸时不要震颤肌肉，不要用力按压膝关节，在身体能接受的范围内有拉伸感即可。

动作步骤

动态 / 静态

1. 左脚在前、右脚在后站立；左脚脚后跟撑地，左腿尽量伸直；右腿屈膝支撑身体，双手置于右腿膝关节上方；目视前方。

2.（动态）腿部不动，上身前倾至腘绳肌有中等程度的牵拉感，目视左脚前方地面。恢复起始姿势。换至对侧，两侧交替进行，直至完成规定的次数。

（静态）腿部不动，上身前倾至腘绳肌有中等程度的牵拉感，目视左脚前方地面。保持拉伸动作至规定时间。恢复起始姿势，换至对侧进行。

1

2

2.19 站姿股四头肌拉伸

训练部位	下肢
主要肌肉	股四头肌等肌群

POINT ▶ 要点提示

保持膝盖指向地面，牵拉时不要过度伸展下腰背，保持核心稳定。

动作步骤

动态 / 静态

1. 身体直立，腹部收紧，抬头挺胸，目视前方。

2.（动态）左脚全脚掌撑地，左腿成为支撑腿；右腿向后屈膝，右手抓住右脚脚背或 脚踝，将其拉向臀部；同时左臂上举，右手用力拉伸右侧股四头肌，恢复起始姿势。换至对侧，两侧交替进行，直至完成规定的次数。

（静态）左脚全脚掌撑地，左腿成为支撑腿；右腿向后屈膝，右手抓住右脚脚背或脚踝，将其拉向臀部；同时左臂上举，右手用力拉伸右侧股四头肌，保持规定时间。恢复起始姿势，换至对侧进行。

2.20 | 对侧肘碰膝垫步跳

训练部位　全身

主要肌肉　肩部肌群、髋部肌群、小腿

　　　　　　三头肌

POINT　要点提示

注意前脚掌着地，保持有节奏的跳跃。
确保每次跳跃手肘都要碰触到膝部。

动作步骤

1. 身体呈直立姿势站立。双腿伸直，双臂自然垂于身体两侧。

2. 保持腹部收紧，抬一侧腿，并用另一侧手肘碰触抬起腿的膝部，同时另一侧腿原地垫步跳。

3. 抬起腿落地垫步跳的同时，换另一侧腿抬起并用对侧手肘触碰膝部。两侧交替进行，完成规定的次数后恢复起始姿势。

2.21 肱三头肌拉伸

训练部位 上肢

主要肌肉 肱三头肌

当一侧手推动另一侧手臂向后移动时，深呼气。在拉伸过程中，保持均匀的呼吸。

动作步骤

1. 身体直立，腹部收紧，挺胸抬头，目视前方。

2. 右臂屈肘上举。

3. 左手托在右臂处，向后推动右臂，直至肱三头肌有中等程度的牵拉感。保持拉伸动作，直至达到规定时间。换右臂做同样的动作。

1  **2**  **3**

2.22 | 踝关节八字跳

训练部位 髋部、小腿

主要肌肉 臀大肌、腓肠肌、比目鱼肌、股四头肌

POINT 要点提示

保持躯干挺直、腹部收紧，双脚呈八字内收或外展向一侧跳动，同时保持膝盖和脚尖的方向一致。

动作步骤

1. 身体呈直立姿势，双腿伸直，双脚开立与肩同宽，双臂自然垂于身体两侧。

2. 保持躯干挺直、腹部收紧，踝关节发力，呈八字内收或外展向一侧跳动。完成规定的时间或距离后恢复起始姿势。

2.23 髋关节外展跳

训练部位 全身

主要肌肉 髋部肌群、小腿三头肌

动作步骤

1. 身体呈直立姿势站立。双腿伸直，双脚分开，双手扶髋。

2. 抬一侧腿并向外侧展髋的同时，另一侧腿原地垫步跳，接着抬起腿落地跳动的同时，换另一侧腿完成屈髋屈膝并向外侧展髋的动作。两侧交替进行，完成规定的次数后恢复起始姿势。

2.24 内收肌坐式拉伸

训练部位　大腿

主要肌肉　股内收肌、髂肌

POINT 要点提示

胸部向双腿间逐渐靠拢时吐气，在拉伸过程中保持呼吸均匀，保持核心收紧。

动作步骤

1. 身体呈坐姿，背部挺直。双腿屈膝，双脚脚底相对。双手分别握住同侧踝关节，并将前臂分别压在同侧大腿的膝关节内侧，目视前方。

2. 胸部缓慢向双腿间靠拢，直至大腿内收肌有中等程度的牵拉感。保持拉伸动作至规定的时间。

1

2

2.25 双臂向后伸展上提

训练部位 肩部

主要肌肉 三角肌前束

POINT 要点提示

当双臂向身体后上方举起时，深呼气；恢复动作时，吸气。在拉伸过程中，应始终保持均匀的呼吸。

动作步骤

1. 身体直立，双脚间距与肩同宽，腹部收紧，挺胸抬头，双手交叉置于臀部后方，目视前方。

2. 躯干不动，双臂在身体后侧举起，直至三角肌前束有中等程度的牵拉感。保持拉伸动作，直至达到规定时间。

2.26 手腕屈伸

训练部位 前臂

主要肌肉 腕部屈肌和伸肌

POINT 要点提示

拉伸时，要注意动作与呼吸的配合，当手拉向身体方向时，深呼气，在拉伸过程中均匀地呼吸。

动作步骤

1. 身体直立，双脚间距略比肩宽，腹部收紧，挺胸抬头，目视前方。

2. 右臂前平举，左手抓住右手的手指，右手手指朝下、掌心朝内，左手向身体方向拉动右手手指，直至腕部伸肌有中等程度的牵拉感。

3. 右手手指朝上、掌心朝外，左手抓住右手手指向身体方向拉动，直至腕部屈肌有中等程度的牵拉感。保持拉伸动作，直至达到规定时间。另一侧亦然。

2.27 前弓步 + 上肢旋转

训练部位 胸椎、躯干和髋部

主要肌肉 髂腰肌、腹内斜肌和腹外

斜肌

POINT 要点提示

弓步时，前腿膝关节不要超过脚尖，并且方向与脚尖一致。拉伸的同时收紧后腿的臀大肌。

动作步骤

1. 身体直立，双脚间距与肩同宽，腹部收紧，抬头挺胸，目视前方。

2. 右腿上抬，然后右脚向后跨步呈弓步分腿蹲姿势，前脚全脚掌撑地，后脚前脚掌撑地。左腿大腿与地面基本保持平行，双手置于左腿大腿上。

3. 躯干慢慢向左侧旋转至最大幅度，同时左臂随躯干向身体后方外展，目视左手，右手置于左腿小腿外侧，拉伸动作持续 1 ～ 2 秒。恢复起始姿势，换至另一侧，循环进行，直至完成规定次数。

2.28 | 向后弓步走 + 后伸

训练部位　下肢

主要肌肉　拉伸腿部和髋部的所有伸肌

POINT　要点提示

手臂上举时伸直贴耳，躯干前倾幅度以双手置于前脚两侧后方为宜。

动作步骤

1. 直立姿正常站位，两脚与肩同宽。

2. 向后弓箭步走，下蹲屈膝的同时双手用力伸过头。

3. 将双手放在前脚的两侧，伸直膝盖进行腘绳肌拉伸。

33

2.29 | TYW 字

训练部位	上肢
主要肌肉	肩带和上背部肌群

POINT ▶ 要点提示

全程背部挺直，核心收紧，且抬臂时颈部与肩膀保持放松，使上身始终呈一条平直的线。

动作步骤

1. 运动基本姿站立，挺胸抬头，背部平直。双侧肩胛骨向下向内收紧，然后双手侧向抬起，与躯干成"T"。

2. 双侧肩胛骨向下向内收紧，然后双手抬起举过头顶与躯干成"Y"。

3. 双侧肩胛骨向下向内收紧，然后抬起手臂与躯干构成"W"字。

2.30 下犬 – 小腿拉伸

训练部位　下肢

主要肌肉　腓肠肌、比目鱼肌、腘绳肌

动作步骤

1. 俯身姿，双手与双脚撑地，双腿微屈，双臂伸直，指尖朝前。

2. 脚后跟逐渐踩向地面并伸直双膝至目标肌肉有中等程度的拉伸感。保持静态拉伸动作至规定时间。

1

2

2.31 横向一字拉伸

训练部位 下肢、髋部

主要肌肉 内收肌、腘绳肌

动作步骤

1. 坐姿，双腿分开在前，双膝微屈，双臂放于双腿之间，面朝前方。

2. 含胸低头靠向地面，直至内收肌有中等程度的拉伸感。保持静态拉伸动作至规定时间。

1

2

2.32 | 十字向心跳

训练部位　下肢

主要肌肉　臀大肌、股四头肌和
　　　　　　腘绳肌

POINT　要点提示

动作全程始终保持核心收紧，重心稳定。两脚同时落地，落地时脚尖先着地，微微屈膝缓冲。

动作步骤

1. 身体呈直立姿站立，双脚并拢，双手叉腰。站在用十字分开的一块区域内（A 区域）。

2. 双脚蹬地从 A 区域跳向 B 区域。

3. 双脚蹬地从 B 区域跳向 C 区域。

4. 双脚蹬地从 C 区域跳向 D 区域。重复以上步骤，并完成规定的次数。

2.33 侧弓步 + 体前屈

训练部位 全身

主要肌肉 股四头肌、臀大肌、腘绳肌、耻骨肌、大收肌、长收肌、竖脊肌

动作步骤

1. 双脚并拢呈直立站姿，抬头挺胸，目视前方，双臂紧贴身体两侧，双手掌心相对。

2. 左腿向左侧迈出，右腿屈膝下蹲，重心移到右腿，身体呈侧弓步姿势。双脚脚尖朝前，全脚掌贴地。上半身前倾，双手握拳靠拢于胸前，掌心向后。

3. 起身伸直双腿，左腿迈向右腿右后方，双腿交叉站立。上半身前倾，双臂垂于体侧。

4. 俯身，双臂自然垂落于腿前，指尖触地，腹部收紧。恢复起始姿势，换另一侧完成以上动作，两侧交替完成规定次数。

1 **2** **3** **4**

2.34 侧滑步

训练部位　下肢

主要肌肉　髋外展肌群、髋内收
肌群

POINT　要点提示

全程注意降低身体重心，保持身体稳定，双
脚之间始终保持一定距离，不并拢。

动作步骤

1. 双腿微屈，背部挺直，双脚间距大于肩宽，双臂侧平举，目视前方。

2. 左脚保持不动，右脚贴着地面向右侧滑一步，重心放低，上半身保持稳定。

3~4. 右腿保持屈膝状态，左脚跟着向右侧滑动，重心侧移，上半身姿势不变。双腿
距离拉近，但不并拢。两侧腿以上述方式重复进行，完成规定次数或距离。

2.35 垫步直臂环绕

训练部位 全身

主要肌肉 臀大肌、髂腰肌、股四头肌、腓肠肌、

比目鱼肌、核心肌群、肩部肌群

POINT 要点提示

脚蹬地时双臂随之从后向前摆过头顶。落地时双臂随之向前下摆。注意保持上下肢动作的协调性与节奏性。

动作步骤

1 **2** **3**

1. 抬头挺胸，身体呈直立站姿。目视前方，双臂自然垂于身体两侧。

2. 一侧腿微屈向前迈一步，脚尖向前身体重心前移；目视前方，呈垫步姿。

3. 支撑腿蹬地发力，另一侧腿屈膝屈髋上提至大腿与地面接近平行，同时双臂从后向前摆过头顶伸直，身体略微前倾。

4

4. 抬起腿落地的同时用力蹬地，支撑腿屈髋屈膝上提至大腿与地面接近平行，继续向前做垫步动作，双臂同时下摆至体侧，完成一个手臂环绕动作。完成规定次数或距离。

2.36 高抬腿

训练部位 下肢

主要肌肉 股四头肌、腓肠肌、
比目鱼肌、核心肌群

POINT 要点提示

抬起一侧的腿尽量上抬，大腿与地面平行，
换腿动作要迅速。

动作步骤

1. 抬头挺胸，身体呈直立站姿。目视前方，双臂自然垂于身体两侧。

2. 保持躯干挺直，抬一侧腿屈髋屈膝至大腿与地面接近平行，同侧手臂自然后摆。对侧手臂屈肘，上摆至胸前。

3. 抬起腿落地的同时，换另一侧完成该动作，双腿交替进行，完成规定次数。

大腿与地面平行

快速换腿

2.37 | 燕式平衡 + 体前屈

训练部位 全身

主要肌肉 臀大肌、腘绳肌、竖脊肌

POINT ▶ 要点提示

保持身体重心稳定，向下触地的过程中，注意保持核心收紧，控制动作的稳定性。

动作步骤

1

2

抬起的腿与背部呈一条直线

3

指腹撑地

1. 抬头挺胸，身体呈直立站姿。目视前方，双臂自然垂于身体两侧。

2. 双臂侧平举，与躯干呈 90 度角。向前俯身并将一侧腿后抬，后抬腿和躯干呈与地面平行的一条直线，另一侧腿微屈，单脚掌撑地。

3. 屈髋俯身，手指指腹撑地，上半身呈倾斜状，腹部收紧，支撑腿屈膝，后抬腿保持不变。回到起始姿势，换对侧重复以上步骤，两侧交替完成规定次数。

2.38 站立拉伸小腿

训练部位　小腿

主要肌肉　比目鱼肌、腓肠肌

POINT　要点提示

拉伸时身体微微前倾，双腿保持伸直状态，拉伸侧脚跟始终与地面接触。

动作步骤

1 两条腿均伸直

脚跟着地

2 身体前倾

感受拉伸

1. 双手叉腰站立，核心收紧，腰背挺直。两条腿伸直，右脚脚尖靠在踏板上，脚跟着地。

2. 身体微前倾，重心前移，保持双腿伸直状态，至小腿肌群有中度拉伸感，保持规定时间。对侧亦然。

2.39 体前屈

训练部位	下肢
主要肌肉	大腿后侧肌群

POINT 要点提示

不论是站姿还是坐姿，记住双腿始终伸直不弯曲，双手尽量触碰到脚尖。

动作步骤

站姿体前屈

1. 抬头挺胸，身体呈直立站姿。目视前方，双臂自然垂于身体两侧。

2. 保持核心收紧，屈髋俯身，双手至指尖尽力触碰脚尖并保持双腿伸直，保持规定时间。

双腿伸直

指尖碰脚尖

坐姿体前屈

指尖朝前

1. 身体呈坐姿，双腿伸直，躯干直立，双手撑在身体两侧，手掌贴地。

2. 两腿伸直，上身前倾，双臂伸直向前至双手触碰脚尖，保持规定时间。

2.40 站姿向上向下伸展

训练部位 肩部、大腿

主要肌肉 肩部肌群、腘绳肌

POINT 要点提示

背部始终保持挺直，双腿始终保持伸直。收紧核心，注意动作与呼吸的配合。向上、向下尽量拉伸至最大幅度。

动作步骤

1. 保持正直站立姿势，双脚并立，双臂自然下垂，置于身体两侧，目视前方。

2. 保持躯干和下肢不动，双臂向头部上方举起，直至双手相合。保持手臂伸直，拉伸至最大幅度。

3. 保持双手相合、双臂伸直状态，上身前屈，双臂向下伸直，拉伸至最大幅度。双腿始终保持伸直。

4. 起身，恢复初始姿势。

1　2　3　4

核心收紧

双腿始终保持伸直

背部挺直

第3章

羽毛球基础技术

3.1 正手握拍与持球

教学重点　让学生熟练掌握正手握拍与持球的姿势及要领,这是掌握准确击球技术的前提。

教学难点　要求学生熟练运用正手握拍与持球技术。

正手握拍

一般身体右侧的正手,在正拍面击球及头顶后场击球时都用正手握拍。虎口对准拍柄的窄面,拇指和食指贴着拍柄的宽面。食指和中指分开,其他手指并拢握住拍柄,留出一定的空隙。

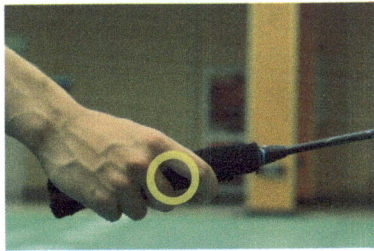

错误姿势

握拍时手握得太紧,肩膀也会随之用力,这会影响手腕的灵活性。

POINT　要点提示

■ 握拍时要放松

握拍时手部肌肉要适当放松,击球前食指和中指之间要有一定的距离,手心和虎口之间要有空隙。

持球

掌握基本的正手握拍姿势后，再学习胸前持球姿势。这是持球的基本姿势，加强对这种姿势的训练，学生能够慢慢养成正确的持球习惯。

羽部持球

羽部持球分为两种，一种是食指和拇指捏住一根羽毛的边角，球托朝向发球员；另一种是用拇指和食指抓住羽毛球的羽毛，使球自然垂直于地面。

特殊持球

食指和中指托住球托，拇指抵住羽部。

POINT 要点提示

■ 持球的特点

持球的要求是使球稳定，只要能够使球稳定，可以使用多种持球方法。

错误姿势

持球时若太紧或者太松，会导致发球失利。

3.2　反手握拍

教学重点　让学生熟悉反手握拍的姿势及要领，掌握反手握拍时拇指的发力特点。

教学难点　使手腕动作具有灵活性。

在身体左侧用球拍反面击球时所用的握拍方式为反手握拍。

错误姿势

POINT 要点提示

■ 正手握拍与反手握拍的区别

正手握拍与反手握拍的区别在于，反手握拍时，拇指内侧平行贴在拍柄的内侧宽面上，而不是斜向握住。

握拍时手握得太紧，手腕的活动范围就会缩小。

3.3 握拍方式的转换

教学重点 使学生快速掌握从正手握拍转换为反手握拍的方法。

教学难点 使学生灵活运用拇指。

正手

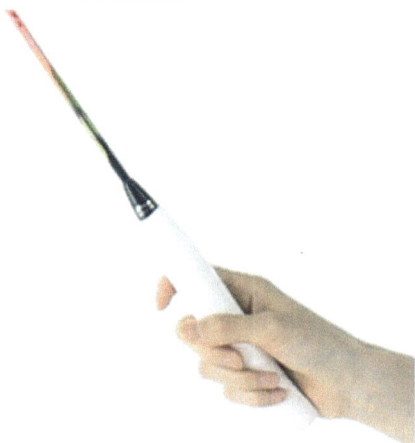

正手握拍时，拇指横向贴在拍柄上。

反手

反手握拍时，拇指要竖向贴在拍柄上。

其他角度

如果不及时进行打反手球的训练，学生就只会用正手打。当管练习右手击球到一定程度时，球从右边来就要用正手打，球从左边来就要用反手打。

POINT 要点提示

■ 打反手球时拇指要发力

打反手球和打正手球不同，拇指的发力十分重要。击球时，要找到拇指推动拍柄的感觉。

3.4 挥拍练习

教学重点　让学生更好地掌握挥拍的方法，感受身体从放松到发力的过程。进一步
改进自己的挥拍动作。

教学难点　要求学生熟练掌握挥拍动作，灵活运用正手击球技术。

动作步骤

1. 双脚前后站立，身体重心在右脚；面对来球的方向，侧身架拍。

2. 当球向你飞来时，转身倒拍，肘部抬高向前，拍头逐渐向下指向地面，将身体重心
移到左脚。

3. 快速伸肘，使小臂快速内旋，将拍面转正，完成挥拍击打。

4. 击打后，顺势完成随挥动作，使手臂自然放松。

POINT　要点提示

在挥空拍练习中，最重要的是要想象球的存在。想象一个个来球，视线对准击球点，
这样练习非常有效。

3.5 | 并步-横向

教学重点 带领学生学习并步的动作要领，体会羽毛球步法快而灵活的重要性，培养学生学习羽毛球的兴趣。

教学难点 要求学生熟练掌握并步动作，体会移动过程中全身的协调发力。

动作步骤

1. 以基本站姿做好准备。
2. 在基本站姿势的基础上，将重心移到右脚，左脚脚尖着地。
3. 收回左脚，并在右脚一侧。
4. 保持左脚不动，右脚向右侧迈出，为下一次移动做准备。

POINT 要点提示

并步移动较为简单快捷，常用在上网和接杀球的过程中。

3.6 | 并步–向前

教学重点 带领学生学习并步的动作要领，体会羽毛球运球步法快而灵活的重要性，培养学生学习羽毛球的兴趣。

教学难点 要求学生熟练掌握并步动作，体会移动过程中全身的协调发力。

动作步骤

1. 以基本站姿做好准备。

2. 在基本站姿的基础上，右脚迈向右前方，左脚脚尖着地。

3~4. 左脚跟上的同时右脚向前迈步，左脚脚尖着地，为下一次的移动做准备。

POINT 要点提示

并步的特点是步法轻盈而灵巧，一般用于调整步距、重心和运动方向。

3.7 交叉步

教学重点 带领学生学习交叉步的动作要领，体会羽毛球运球步法快而活的重要性，为后续的羽毛球教学打下基础。

教学难点 要求学生熟练掌握交叉步动作，体会移动过程中全身的协调发力。

动作步骤

1. 以基本站姿做好准备。

2. 左脚向右前方迈出一小步，重心前移。

3. 右脚迅速向右前方跨一大步到达击球位置，呈弓步姿势。

POINT 要点提示

交叉步上网时，要注意第一步小，第二步大，同时脚尖应该正对移动方向，且重心保持在两腿之间稍微靠前的位置。

3.8　蹬跨步

教学重点　带领学生学习蹬跨步的动作要领，体会羽毛球运球步法快而活的重要性，为后续的羽毛球教学打下基础。

教学难点　要求学生熟练掌握蹬跨步动作，体会移动过程中全身的协调发力。

动作步骤

1. 以基本站姿做好准备。

2. 抬右腿向前迈步，左脚脚尖点地，增强下肢的弹跳力。

3. 右脚落地后，左脚移动到右脚的脚后跟处。

4. 保持左脚脚尖点地且位置不变，右脚向前迈出一步。右脚即将完全接触地面时，左脚在地面上做一个拖曳的移动动作。

POINT　要点提示

蹬跨步的特点是跨度大、速度快，常用在上网击球时，在后场底线两角抽球时也很常用。

3.9 | 蹬转步

教学重点 带领学生学习蹬转步的动作要领，体会蹬转时的启动状态并培养转体的意识。

教学难点 要求学生熟练掌握蹬转步动作，培养转体的意识，并在转体后及时控制身体的平衡。

动作步骤

1. 以基本站姿做好准备。

2~3. 向右侧转体，以左脚为轴，右脚向后迈出一步。

4. 左脚脚尖着地，重心转移到右脚上。

POINT 要点提示

练习蹬转步时，一定要有转体的意识，且要注意控制转体的幅度和跨步的大小，以保持身体稳定。

3.10 正手发高远球

教学重点 让学生熟练掌握正手发高远球时手腕、手臂的发力方法；发球时使用正确的握拍方式和发球角度，大臂带动小臂灵活发球。

教学难点 要求学生发球时正确握拍和保持正确的发球角度，体会发球时全身的协调用力。

动作步骤

1. 右脚脚跟抬起，右手大臂外旋，向后大幅度引拍。

2. 顺势转体转髋，身体重心前移。

3. 左手将球自然松开，击球时右手手腕发力，小臂内旋。

4. 展腕，屈指发力，将球击出。击球后，右臂随着惯性挥至身体左上方。

POINT 要点提示

初学者在发高远球时容易"只高不远"，遇到这种问题时，要降低挥拍和击打的位置，将出手点调整到 45 度。如果感觉力量不足时，重点体会挥拍时需要借助蹬地转髋的力量完成击打。

3.11 正手发网前球

教学重点 让学生熟悉正手发网前球的发力方法，掌握靠小臂带动手腕和手指发力的感觉。

教学难点 要求学生掌握连贯的击球方式，准确把握球的落点。

动作步骤

1. 双准备姿势、引拍动作和发球后的动作与正手发后场高远球相似。

2~3. 击球时握拍保持放松，靠手指控制力量：手腕收腕发力，用斜拍面往前推送击球，使球轻轻擦网而过，落人对方前发球区。

POINT 要点提示

正手发网前球时，要将球轻轻推过网，而不是用力击球，随挥的动作很短促，发球结束后就停止挥拍。如果发球过网的高度总是太高，可以压低拍面，使球的飞行轨迹变得平一些。

3.12 反手发网前球

教学重点　让学生体会发球时实际的握拍方式和手指的发力感觉。

教学难点　要求学生准确把握球的飞行轨迹和落点。

动作步骤

1. 双脚前后开立，右脚在前，左脚在后。

2. 重心前移至右脚，左手于体前持球，右手反手握拍于球的后方，拍面略微向下倾斜。

3. 大臂不动，小臂带动手腕，手腕带动拇指，拇指发力向前推动球拍，将球击出。

POINT　要点提示

反手发网前球后，双方就会立即进入一种相互激烈抢攻的状态。当我们把球发到前发球内角时，缩短球的飞行路线，避免对手进攻自己的后场位置。当我们把球发到前发球线外角时，就可以调动对手离开自己的中心位置，便于下一球更好的进攻。

3.13 接发球

教学重点 让学生掌握接发球的基本姿势和动作要领。

教学难点 要提高接发球的质量，首先要有正确的准备姿势。单打接发球的准备姿势：（以右手握拍为准）通常应是左脚在前，右脚在后，侧身对网，重心放在前脚上，膝关节微曲，后脚跟稍提起，收腹含胸，注视对方发球的动作。养成这个动作习惯。

动作步骤

球拍倾斜，拍框侧面对着场地正前方

左右臂抬起，大小臂之间的夹角约为90度

身体前倾

双腿微屈

右脚脚跟抬起，前脚掌着地

POINT 要点提示

■ 发球与接发球

单打中，虽然发球方处于被动状态，接发球方处于主动状态，但是处理好接发球可以变被动为主动。

3.14 后场击直线高远球

教学重点 使学生了解后场击直线高远球的技术动作，提高学生对羽毛球的兴趣。

教学难点 要求学生击球时的移动要到位。

动作步骤

1. 观察来球的方向，身体向右侧转体转髋，向后场移动。右手握拍曲肘上举，左手自然上举保持平衡。

2. 当球下落到合适的位置时，向左转体转髋，向后引拍。必要时可跳起。

3~4. 击球时小臂外旋，然后急速内旋，带动手腕向前上方挥拍，用正拍面将球击出。击球后，球拍随挥至身体左侧。

POINT　要点提示

比赛中，后场击直线高远球可以让球远离对手，并让对手快速移动。如果能让球落在对手身后，或者让对手在高速移动中失去节奏，可以减少对手的回球时间，同时让对手感到疲倦。

3.15 挑球

教学重点 使学生了解正反手挑球的技术动作，通过手腕的外展和内收，体会发力的感觉。

教学难点 要求学生体会在击球瞬间发力的感觉。

动作步骤

正手挑球

1. 观察来球方向，用正手上网步法移动到来球位置，同时小臂外旋，向后向下引拍。

2~3. 以肘关节为轴，小臂内旋带动手腕，用食指和手腕的力量将球击出。

反手挑球

4. 观察来球方向，用反手上网步法移动到来球位置，同时右臂向左后方引拍。

5~6. 击球前小臂下压，接着以肘关节为轴，从左下往上挥拍，通过调整拍面的角度挑出直线球或者斜线球。

3.16 搓球

教学重点 使学生了解搓球的技术动作，通过搓球取得场上的主动权。

教学难点 搓球技术属于小发力动作，要求学生熟练控制球拍。

动作步骤

正手搓球

1. 观察来球方向，用正手上网步法移动到来球位置，右手伸向右前方。

2~3. 向右上方引拍，手腕处于展腕状态，击球时手腕向外旋转，从展到收，使球拍的轨迹呈弧线。击球瞬间用拍面切削球托的底部右后侧。

反手搓球

4. 观察来球方向，用反手上网步法移动到来球位置，右手伸向左前方。

5~6. 向左上方引拍，手腕动作从展到收，使球拍轨迹呈弧线。击球瞬间用拍面切削球托底部的右后侧，使球逆时针旋转。

第4章

羽毛球组织训练方法

在训练过程中，老师可以组织小型的组间比赛来提高学生的训练兴趣和注意力。分组时，要注意将水平相近的学生尽量分在一组，一轮训练之后可以调整分组，以保持学生的新鲜感，调动学生的积极性。整个训练环节时长建议控制在 16 ～ 25 分钟之间，其间，老师可灵活调整教学内容，如根据需要增加技术动作讲解等。在组织训练中，老师要时刻关注学生的安全，提醒学生集中注意力，以避免受伤。

4.1 正手握拍颠球比赛

组织方法

👤 分组练习，平均每组 5 人

⏱ 8 分钟

🗄 每人一个球拍，若干羽毛球

教学重点　正手握拍颠球练习可以强化学生正手握拍的习惯及控制拍面和击球方向的能力。

训练方法

1. 组织学生平均分成 5 人一组，每两组进行比赛。

2. 一组 5 人同时开始 1 分钟正手握拍颠球比赛，另一组的学生 1 对 1 为比赛组计数，1 分钟结束后，两组交换，5 人累计计数多的组进入下一轮比赛。

3. 两两对决直至决出最终获胜组。

4. 计数时，若有学生出现球掉落的情况，则该学生的成绩要从零开始计数。

技术要点

学生正手握拍，将球向上颠起，不让球落地。

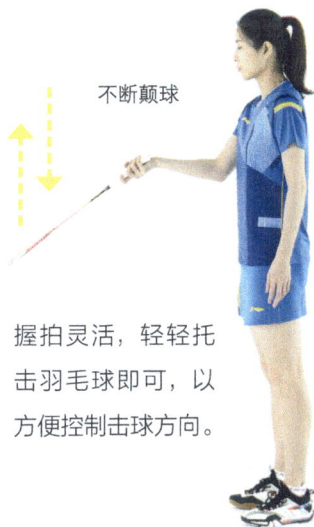

不断颠球

握拍灵活，轻轻托击羽毛球即可，以方便控制击球方向。

4.2 反手握拍颠球接力比赛

组织方法		
👤	分组练习，平均每组 5 人	
⏱	8 分钟	
⚖	每人一个球拍，若干羽毛球	

教学重点 反手握拍颠球练习可以增强学生反手握拍的能力及控制拍面和击球方向的能力。

训练方法

1. 组织学生平均分成 5 人一组，进行反手握拍颠球接力比赛。

2. 同组的 5 名学生成纵队站好，每组一个羽毛球，计时开始后，排头的学生随即开始反手握拍颠球，该学生累计完成 10 个（可以根据学生的水平调整具体数量）后，下一名学生接力完成，直至 5 名学生都完成颠球。

3. 总用时少的组获胜。

4. 计数时，若有学生出现球掉落的情况，则掉落的球不计入个数，但重新开始后，可以继续计数。

技术要点

学生反手握拍，将球击出，不让球落地。

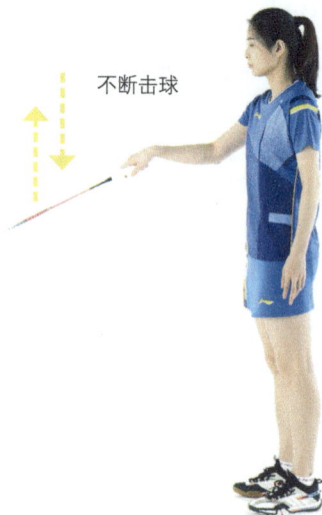

不断击球

4.3 托球跑接力

组织方法

　　👤　分组练习，分成 4 组

　　⏱　8 分钟

　　⚖　每人一个球拍，若干羽毛球

教学重点　让学生学会更加自如地使用球拍。

训练方法

1. 将学生平均分成 4 组，进行托球跑接力比赛。

2. 老师利用场地提前约定好接力跑动路线。同组的学生成纵队站好，每组一个羽毛球，计时开始后，排头的学生托球跑完规定路线，将球传至下一名学生的球拍上，依次完成托球跑动。

3. 总用时少的组获胜。

4. 在跑动过程中，要保持球在球拍上。

技术要点

1. 倾斜球拍的拍面，降低风的阻力。

2. 眼睛盯着球向前跑，注意观察球在拍面上的状态。

3~4. 跑动的同时调整跑动速度，保持球在拍面上不掉落。

4.4 站打羽毛球练习

组织方法		
👤	分组练习，每组 8~10 人	
⏱	8 分钟	
⚖	每人一个球拍，若干羽毛球	

训练方法

1. 将学生平均分成 8~10 人一组，进行站打羽毛球练习。

2. 每组的学生依次站在固定地点以"挥空拍"要求的击球方式来接老师发来的 5 个球，直至所有学生都完成练习。

技术要点

学生站在原地不动，转动膝盖和腰部进行击球练习。

POINT ▶ 要点提示

利用膝盖和腰部的转动保持身体的平衡，练习"画圆"的引拍动作，保证动作衔接流畅。

4.5　并步练习 – 横向

组织方法

👤　分组练习，每组 5 人

⏱　8 分钟

🔲　若干羽毛球

训练方法

1. 将学生按照 5 人一组进行分组。

2. 一组学生成纵队均匀分散站在球场中线上（根据可用球场，安排同时进行的组数）。在学生右边的单打边线上放置 5 个羽毛球。

3. 老师发布开始口令，中线上的学生使用并步的步法移动到右边取一个羽毛球，使用优势手拿球，迅速回中。老师继续发布口令，学生使用并步的步法移动到左边，将羽毛球放到左单打边线上，迅速回中。依次完成 5 个球的转移，并安排所有学生分组完成练习。

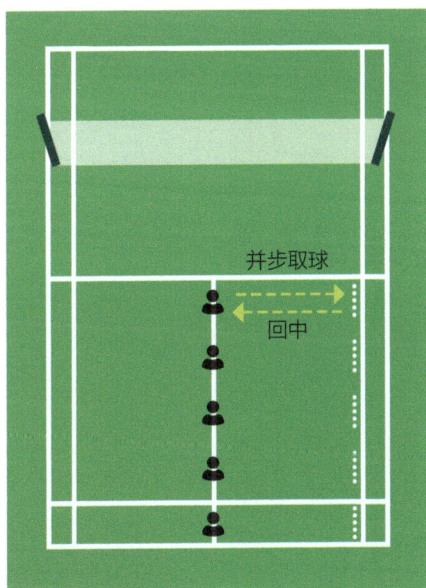

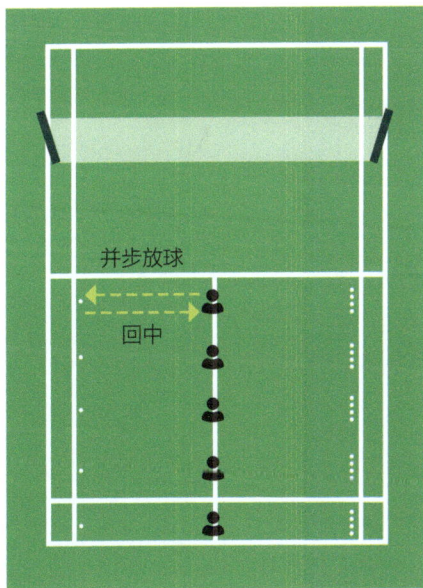

POINT　要点提示

学生掌握了多种步法后，老师可以对移动步法提出更多变化的要求。

4.6 并步练习 – 向前

组织方法

👤 分组练习，每组 5 人

⏱ 8 分钟

▭ 每人一个球拍

训练方法

1. 将学生按照 4 人一组进行分组。

2. 一组学生成纵队均匀分散站在球场中线上（根据可用球场，安排同时进行的组数）。

3. 老师发布开始口令，中线上的学生迅速向右转身，使用并步的步法向右网前移动，挥拍后迅速回中。回中后，立刻向左侧转身，使身体面向左前方，使用并步的步法向左网前移动，挥拍后迅速回中。依次完成 5 个来回，并安排所有学生分组完成练习。

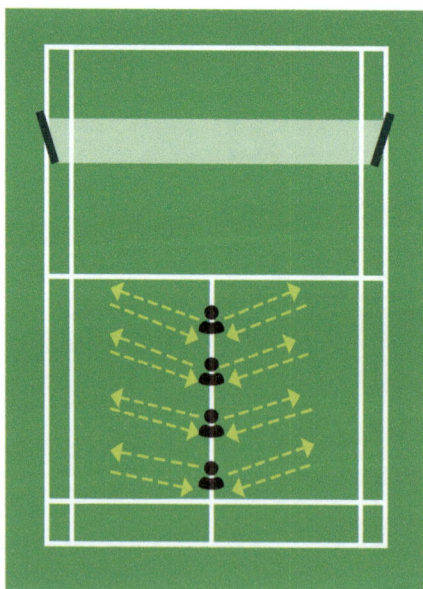

POINT 要点提示

并步是用距离击球点较近时的移动方法。

4.7 交叉步练习

组织方法

👤 分组练习，每组 4 人

⏱ 8 分钟

➖ 每人一个球拍

训练方法

1. 将学生按照 4 人一组进行分组。

2. 一组学生成纵队均匀分散站在球场中线上（根据可用球场，安排同时进行的组数）。

3. 老师发布开始口令，中线上的学生使用交叉步的步法向右网前移动，挥拍后迅速回中。老师继续发布口令，学生使用交叉步的步法向左网前移动，挥拍后迅速回中。依次完成 5 个来回，并安排所有学生分组完成练习。

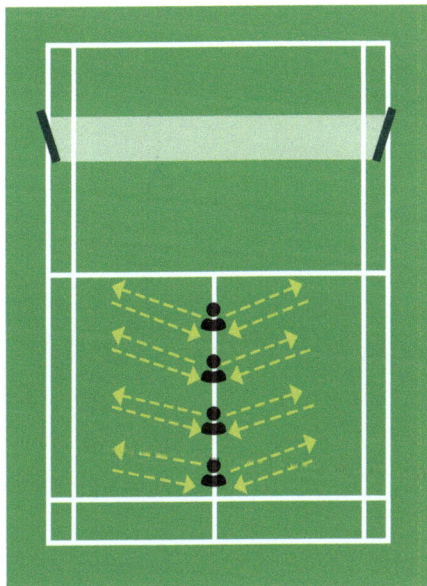

POINT 要点提示

在移动过程中使用交叉步时，身体重心相对来说比较稳定。

4.8 横跨步练习

组织方法

👤 分组练习，每组 4~8 人

⏱ 8 分钟

⚖ 徒手站立

训练方法

1. 将学生按照场地分组进行横跨步练习。

2. 学生分组站立，老师发布开始口令后，左右连续进行 10 次横跨步练习，直到所有的学生完成练习。

技术要点

双脚与肩同宽站立。双脚蹬地跳起并大跨步分开，同时向右转体，右腿屈膝落地，左脚脚尖着地，双脚脚尖朝右，随后向左横跨步。

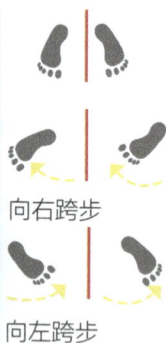

向右跨步

向左跨步

4.9 蹬转步练习

组织方法

👤 分组练习，每组 4~8 人

🕐 8 分钟

▭ 徒手站立

训练方法

1. 让学生按照场地分组进行蹬转步练习。

2. 学生分组站立，老师发布开始口令后，学生分别向左侧和右侧连续进行 10 次蹬转步练习，直到所有的学生完成练习。

技术要点

分别以左右脚为轴心，在两单打边线间进行蹬转步练习。

4.10 正手发高远球比赛

组织方法

👤 分组练习，每组 8~10 人

⏱ 8 分钟

🏸 每人一个球拍，若干羽毛球

训练方法

1. 将学生平均分成 8~10 人一组，进行正手发高远球比赛。

2. 每组学生依次按照正手发高远球的技术要求发球至篮子里（发球至篮子 A 或篮子 B 均可）。每名学生有 10 次发球机会。

3. 累计命中篮子多的组获胜。

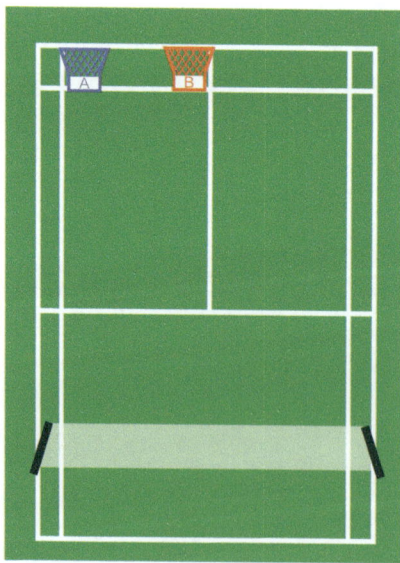

POINT 要点提示

多进行正手发高远球练习可以稳定地控制球路，从而在比赛中获得一定的优势。

4.11 正手发网前球比赛

组织方法

👤 分组练习，每组 8~16 人

⏱ 8 分钟

⚖ 每人一个球拍，若干羽毛球

训练方法

1. 将学生平均分成 8~10 人一组，进行正手发网前球比赛。

2. 每组学生依次按照正手发网前球的技术要求发球至篮子里（发球至篮子 A 或篮子 B 均可）。每名学生有 10 次发球机会。

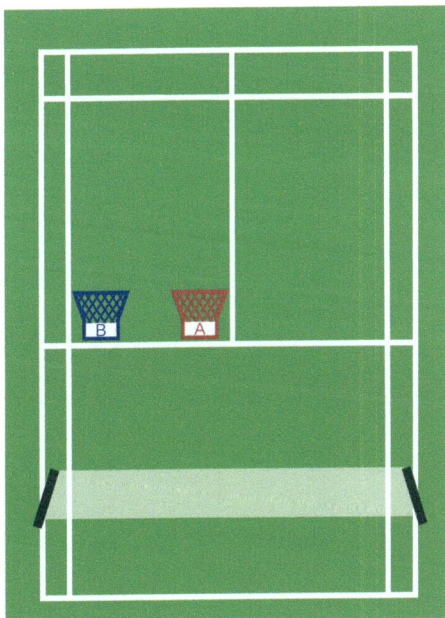

3. 累计命中篮子多的组获胜。

POINT 要点提示

比赛的过程中注意落点的准确性，通过篮子的约束，可以提高发球的质量。

4.12 反手发网前球比赛

组织方法

👤 分组练习，每组 8~10 人

⏱ 8 分钟

▭ 每人一个球拍，若干羽毛球

训练方法

1. 将学生平均分成 8~10 人一组，进行反手发网前球比赛。

2. 每组学生依次按照反手发网前球的技术要求发球至篮子里。每名学生有 10 次发球机会。

3. 累计命中篮子多的组获胜。

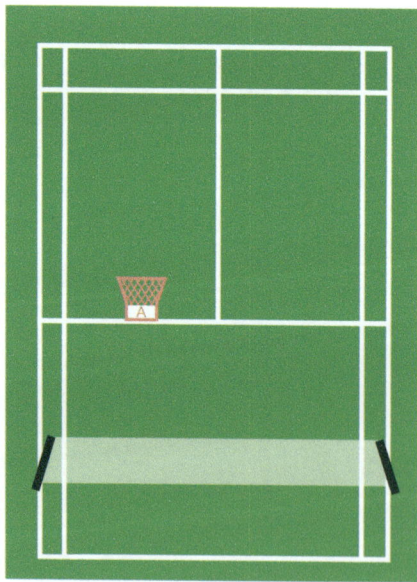

POINT 要点提示

比赛的过程中首先要保证姿势正确，体会拇指发力去轻轻击打，过网时不宜过高。
依然要注意落点的准确性，通过篮子的约束，可以提高发球的质量。

4.13　正反手接网前球练习

组织方法　👤 两人一组，一人供球，一人接球

⏱ 10 分钟

➖ 发球者手持羽毛球，接球者手握球拍

教学目的　培养学生正手和反手接发球的能力，练习正反手接发球技术。

训练方法

1. 让学生两人一组，一人供球一人接球。

2. 发球者分别向接球者的左右两侧抛球，接球者结合步法用正手和反手回击球。每名接球者有 10 次机会，之后两人交换，直至所有学生都完成练习。

技术要点

1. 接球者向来球的方向使用交叉步或并步移动，正手挥拍击球。

2. 接球者向来球的方向使用交叉步或并步移动，反手挥拍击球。

4.14 正手高远球练习

组织方法	👤 两人一组，一人供球，一人接球
	⏱ 10 分钟
	▬ 发球者手握球拍、手持羽毛球，接球者手握球拍

训练方法

1. 让学生两人一组，一人供球一人接球。

2. 发球者分别向接球者的左右两侧后场发球，接球者结合步法分别在两侧底角向对方后场正手回击高远球。每名接球者有 10 次机会，之后两人交换，直至所有学生都完成练习。

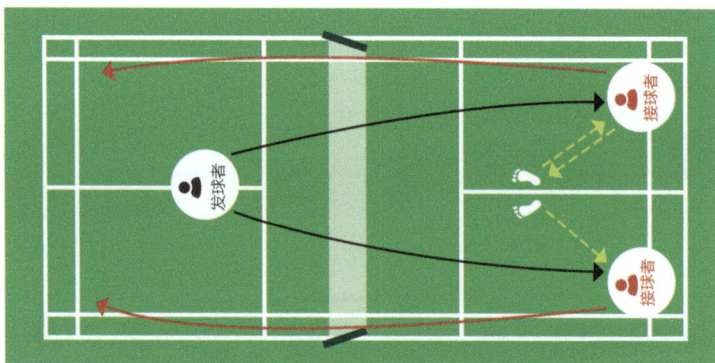

技术要点

使用后场并步或后场交叉步向两侧底线移动，挥拍击打高远球。

POINT 要点提示

学生在进行训练时，可以在中心位置放置一把椅子，每次击球后都要用非持拍手触碰椅子，这样更有助于培养学生每次击球后回中的意识。

4.15 挑球练习

组织方法

👤 两人一组，一人供球，一人接球

⏱ 10 分钟

▬ 发球者手持羽毛球，接球者手握球拍

训练方法

1. 让学生两人一组，一人供球一人接球。

2. 发球者分别向接球者的左右两侧网前抛球，接球者结合步法分别在正手位和反手位回击挑球。每名接球者有 10 次机会，之后两人交换，直至所有学生都完成练习。

技术要点

1. 发球者站在一侧半场中央，交替向接球者正手位和反手位网前抛出羽毛球。接球者在另一侧中心位置做准备，先练习正手挑球。

2. 接球者在击球后迅速返回中心位置，再上前练习反手挑球。

1

2

POINT ▶ 要点提示

接球者很容易在击球时只是挥拍，而不移动，这时发球者可以减慢抛球的速度，使接球者有时间向来球方向跨步。

4.16 搓球练习

组织方法

👤 两人一组，一人供球，一人接球

⏱ 12 分钟

➖ 发球者手持羽毛球，练习者手握球拍

训练方法

1. 让学生两人一组，一人供球一人接球。

2. 发球者分别向接球者的左右两侧网前抛球，接球者结合步法分别在正手位和反手位回击搓球。每名接球者有 10 次机会，之后两人交换，直至所有学生都完成练习。

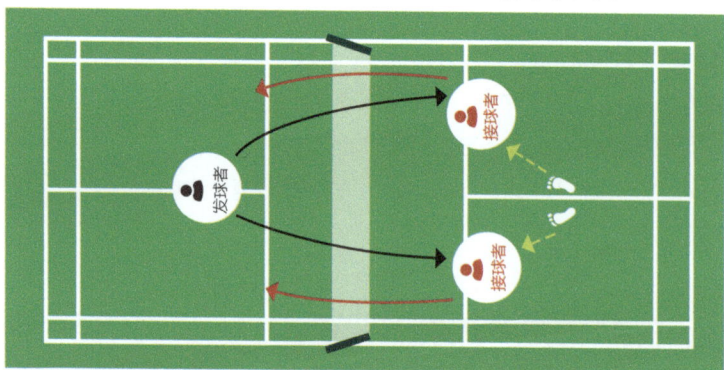

技术要点

1. 发球者向接球者正手位置抛球。球抛出后，接球者向来球方向移动，正手搓球到对方网前。

2. 发球者向接球者反手位置抛球。球抛出后，接球者向来球方向移动，反手搓球到对方网前。

第5章

课程组织方案

第 1 课

- 教学目标　让学生熟练掌握正手握拍的动作概念与要点
- 教学重点　让学生熟悉正手握拍颠球的方法
- 器材准备　羽毛球和球拍

A. 热身活动　按顺序和要求完成以下 6 个动作　⏱ 8~10 分钟

动作	重复次数 / 保持时间 / 行进距离	页码
1　相扑蹲起	15 次	详情见 P19
2　站姿向上向下伸展	10 次（上下算一次）	详情见 P45
3　高抬腿	30 次（左右算一次）	详情见 P41
4　TYW 字	10 次	详情见 P34
5　弓步跳	10~15 次（左右算一次）	详情见 P6
6　前弓步 + 上肢旋转	8~10 次（左右算一次）	详情见 P32

1　2　3　4　5　6

B. 技术教学：正手握拍与持球　⏱ 8~15 分钟

正手握拍

持球

1. 讲解并示范正手握拍与持球的方法。
2. 强调动作要领。
3. 指导学生模仿练习，可以根据人数进行分组练习。
4. 对学生的动作进行点评与纠正。

详情见 P47

C. 组织训练：正手握拍颠球比赛　⏱ 16~25 分钟

1. 老师将学生组织到一起，详细讲解训练方法与动作步骤。

2. 将学生平均分成 5 人一组，进行 1 分钟正手握拍颠球比赛。当一组学生开始计时比赛时，另一组学生 1 对 1 为比赛组计数，1 分钟结束后，两组交换，5 人累计计数多的组进入下一轮比赛，两两对决直至决出最终获胜组。

3. 计数时，若有学生出现球掉落的情况，则该学生的成绩要从零开始计数。

不断击球

详情见 P65

D. 放松活动　按顺序和要求完成以下 6 个动作　⏱ 8~10 分钟

	动作	重复次数 / 保持时间 / 行进距离	页码
1	站姿菱形肌拉伸	15~30 秒	详情见 P8
2	双臂向后伸展上提	15~30 秒	详情见 P30
3	手腕屈伸	左右两侧各 15~30 秒	详情见 P31
4	弓步转体髂腰肌拉伸	左右两侧各 15~30 秒	详情见 P9
5	内收肌坐式拉伸	15~30 秒	详情见 P29
6	下犬 - 小腿拉伸	15~30 秒	详情见 P35

1　2　3　4　5　6

第 2 课

- 教学目标　让学生熟练掌握反手握拍的动作概念与要领
- 教学重点　让学生熟悉反手握拍颠球的方法
- 器材准备　羽毛球和球拍

A. 热身活动　按顺序和要求完成以下 6 个动作　⏱ 8~10 分钟

动作	重复次数 / 保持时间 / 行进距离	页码
1 垫步直臂环绕	15 次（左右算一次）	详情见 P40
2 前弓步 + 上肢旋转	8~10（左右算一次）	详情见 P32
3 登山步	30 次（左右算一次）	详情见 P18
4 站姿股四头肌拉伸（动态）	8~10 次（左右算一次）	详情见 P24
5 小碎步	10~30 秒 × 2 组	详情见 P20
6 毛毛虫爬	8~10 次 /8~10 米	详情见 P16

B. 技术教学：反手握拍　⏱ 8~15 分钟

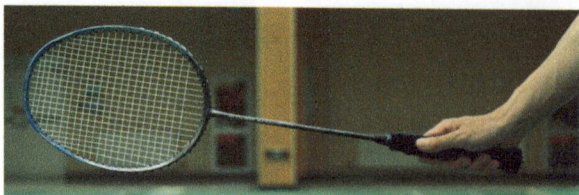

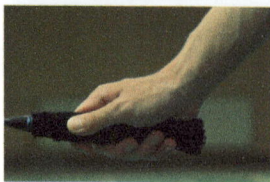

1. 讲解并示范反手握拍的方法。
2. 强调动作要领。
3. 指导学生模仿练习，可以根据人数进行分组练习。
4. 对学生的动作进行点评与纠正。

详情见 P49

C. 组织训练：反手握拍颠球接力比赛 ⏱ 16~25 分钟

1. 老师将学生组织到一起，详细讲解训练方法与动作步骤。

2. 将学生平均分成 5 人一组，进行反手握拍颠球接力比赛。同组的 5 名学生成纵队站好，每组一个羽毛球，计时开始后，排头的学生随即开始反手握拍颠球，该学生累计完成 10 个（可以根据学生的水平调整具体数量）后，下一名学生接力完成，直至 5 名学生都完成颠球。

3. 总用时少的组获胜。

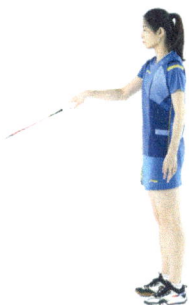

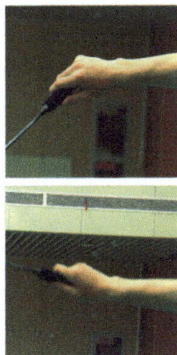

详情见 P66

D. 放松活动　按顺序和要求完成以下 6 个动作　⏱ 8~10 分钟

动作	重复次数 / 保持时间 / 行进距离	页码
1 站姿肩外旋肌拉伸	左右两侧各 15~30 秒	详情见 P10
2 双臂向后伸展上提	15~30 秒	详情见 P30
3 手腕屈伸	左右两侧各 15~30 秒	详情见 P31
4 侧卧股四头肌拉伸	左右两侧各 15~30 秒	详情见 P13
5 侧弓步（静态）	左右两侧各 15~30 秒	详情见 P22
6 站立拉伸小腿	左右两侧各 15~30 秒	详情见 P43

第 3 课

- 教学目标　让学生熟练掌握正手握拍和反手握拍的要领和技术特点，熟悉手腕、手指的协调发力方式
- 教学重点　让学生熟悉握拍方式的转换方法
- 器材准备　羽毛球和球拍

A. 热身活动　按顺序和要求完成以下 6 个动作　⏱ 8~10 分钟

动作	重复次数 / 保持时间 / 行进距离	页码
1 开合跳	30 次	详情见 P7
2 站姿向上向下伸展	10 次（上下算一次）	详情见 P45
3 高抬腿	30 次（左右算一次）	详情见 P41
4 燕式平衡 + 体前屈	8~10 次（左右算一次）	详情见 P42
5 踝关节八字跳	30 次（左右算一次）	详情见 P27
6 侧弓步（动态）	8~10 次（左右算一次）	详情见 P22

B. 技术教学：握拍方式的转换　⏱ 8~15 分钟

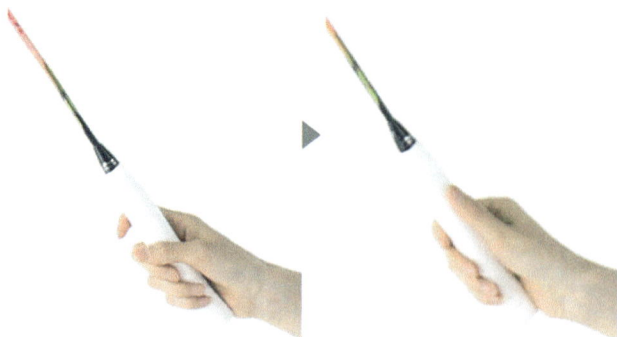

正手握拍　　反手握拍

1. 讲解并示范握拍方式的转换方法。
2. 强调动作要领。
3. 指导学生模仿练习，可以根据人数进行分组练习。
4. 对学生的动作进行点评与纠正。

详情见 P50

C. 组织训练：托球跑接力　⏱ 16~25 分钟

1. 老师将学生组织到一起，详细讲解训练方法与动作步骤。

2. 将学生平均分成 4 组，进行托球跑接力比赛。老师利用场地提前约定好接力跑动路线。同组的学生成纵队站好，每组一个羽毛球，计时开始后，排头学生托球跑完规定路线，将球传至下一名学生的球拍上，依次完成托球跑动。在跑动过程中，要保持球在球拍上。

3. 训练中可用秒表记录完成 1 组练习所需的时间，速度最快的一组学生可以获得指定奖励，而用时最长的一组学生则需做 5 个蹲起作为惩罚。

详情见 P67

D. 放松活动　按顺序和要求完成以下 6 个动作　⏱ 8~10 分钟

	动作	重复次数 / 保持时间 / 行进距离	页码
1	双臂向后伸展上提	15~30 秒	详情见 P30
2	手腕屈伸	左右两侧各 15~30 秒	详情见 P31
3	站姿股四头肌拉伸（静态）	左右两侧各 15~30 秒	详情见 P24
4	单腿屈髋拉伸（静态）	左右两侧各 15~30 秒	详情见 P23
5	4 字拉伸	左右两侧各 15~30 秒	详情见 P14
6	站立拉伸小腿	左右两侧各 15~30 秒	详情见 P43

第 4 课

- **教学目标** 让学生掌握挥拍的动作概念与要领，初步体会击球的感觉，激发学习兴趣
- **教学重点** 让学生熟悉和掌握挥拍动作
- **器材准备** 羽毛球和球拍

A. 热身活动　按顺序和要求完成以下 6 个动作　⏱ 8~10 分钟

	动作	重复次数 / 保持时间 / 行进距离	页码
1	髋关节外展跳	30 次（左右算一次）	详情见 P28
2	抱膝前进	8~10 次（左右算一次）	详情见 P21
3	相扑蹲起	15 次	详情见 P19
4	侧弓步 + 体前屈	8~10 次（左右算一次）	详情见 P38
5	十字向心跳	10 次（前后左右算一次）	详情见 P37
6	燕式平衡 + 体前屈	8~10 次（左右算一次）	详情见 P42

B. 技术教学：挥拍练习　⏱ 8~15 分钟

1. 讲解并示范挥空拍的方法。
2. 强调动作要领。
3. 指导学生模仿练习，可以根据人数进行分组练习。
4. 对学生的动作进行点评与纠正。

详情见 P51

C. 组织训练：站打羽毛球练习　⏱ 16~25 分钟

1. 老师将学生组织到一起，详细讲解训练方法与动作步骤。

2. 将学生平均分成 8~10 人一组，每组的学生依次站在固定地点以"挥空拍"要求的击球方式来接老师发来的 5 个球，直至所有学生都完成练习。

3. 训练中教师可记录学生接球的完成情况，平均完成度最高一组学生可以获得指定奖励，而完成质量较差的一组学生则需做 5 个蹲起作为惩罚。

详情见 P68

D. 放松活动　按顺序和要求完成以下 6 个动作　⏱ 8~10 分钟

	动作	重复次数 / 保持时间 / 行进距离	页码
1	站姿肩外旋肌拉伸	左右两侧各 15~30 秒	详情见 P10
2	双臂向后伸展上提	15~30 秒	详情见 P30
3	手腕屈伸	左右两侧各 15~30 秒	详情见 P31
4	跪姿背阔肌拉伸	15~30 秒	详情见 P11
5	弓步转体髂腰肌拉伸	15~30 秒	详情见 P9
6	下犬 - 小腿拉伸	15~30 秒	详情见 P35

第 5 课

- **教学目标** 让学生熟练掌握并步的移动技术
- **教学重点** 让学生掌握并步的动作要领
- **器材准备** 羽毛球和球拍

A. 热身活动　按顺序和要求完成以下 6 个动作　⏱ 8~10 分钟

动作	重复次数 / 保持时间 / 行进距离	页码
1 对侧肘碰膝垫步跳	30 次（左右算一次）	详情见 P25
2 前弓步 + 上肢旋转	8~10 次（左右算一次）	详情见 P32
3 侧滑步	15 次	详情见 P39
4 抱膝前进	8~10 次（左右算一次）	详情见 P21
5 小碎步	10 次（左右算一次）	详情见 P20
6 最伟大拉伸	8~10 次（左右算一次）	详情见 P15

B. 技术教学：并步 – 横向　⏱ 8~15 分钟

1. 讲解并示范并步的方法。
2. 强调动作要领。
3. 指导学生模仿练习，可以根据人数进行分组练习。
4. 对学生的动作进行点评与纠正。

详情见 P52

C. 组织训练：并步练习 - 横向　⏱ 16~25 分钟

1. 老师将学生组织到一起，详细讲解训练方法和动作步骤。

2. 将学生按照 5 人一组进行分组。一组学生成纵队均匀分散站在球场中线上。在学生右边的单打边线上放置 5 个羽毛球。

3. 老师发布开始口令，中线上的学生使用并步的步法移动到右边取一个羽毛球，迅速回中。老师继续发布口令，学生使用并步的步法移动到左边，将羽毛球放到左单打边线上，迅速回中。依次完成 5 个球的转移，并安排所有学生分组完成练习。

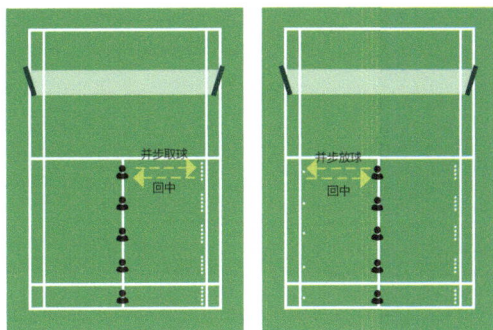

详情见 P69

D. 放松活动　按顺序和要求完成以下 6 个动作　⏱ 8~10 分钟

	动作	重复次数 / 保持时间 / 行进距离	页码
1	双臂向后伸展上提	15~30 秒	详情见 P30
2	手腕屈伸	左右两侧各 15~30 秒	详情见 P31
3	侧卧股四头肌拉伸	左右两侧各 15~30 秒	详情见 P13
4	坐姿体前屈	15~30 秒	详情见 P44
5	侧弓步（静态）	左右两侧各 15~30 秒	详情见 P22
6	站立拉伸小腿	左右两侧各 15~30 秒	详情见 P43

第 6 课

- 教学目标　让学生熟练掌握垫步的移动技术
- 教学重点　让学生掌握垫步的动作要领
- 器材准备　球拍

A. 热身活动　按顺序和要求完成以下 6 个动作　⏱ 8~10 分钟

动作	重复次数 / 保持时间 / 行进距离	页码
1　对侧肘碰膝垫步跳	30 次（左右算一次）	详情见 P25
2　侧弓步（动态）	8~10 次（左右算一次）	详情见 P22
3　高抬腿	30 次（左右算一次）	详情见 P41
4　燕式平衡 + 体前屈	8~10 次（左右算一次）	详情见 P42
5　弓步跳	10~15 次（左右算一次）	详情见 P6
6　前弓步 + 上肢旋转	8~10 次（左右算一次）	详情见 P32

B. 技术教学：并步 – 向前　⏱ 8~15 分钟

详情见 P53

1. 讲解并示范并步的方法。
2. 强调动作要领。
3. 指导学生模仿练习，可以根据人数进行分组练习。
4. 对学生的动作进行点评与纠正。

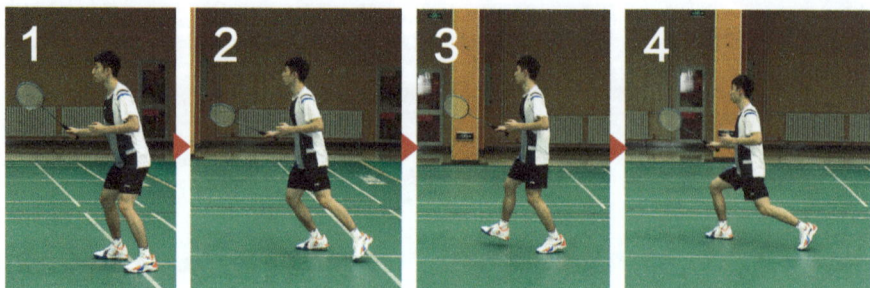

C. 组织训练：并步练习 – 向前　⏱ 16~25 分钟

1. 老师将学生组织到一起，详细讲解训练方法和动作步骤。

2. 将学生按照 4 人一组进行分组。一组学生成纵队均匀分散站在球场中线上。

3. 老师发布开始口令，中线上的学生迅速向右转身，使用并步的步法向右网前移动，挥拍后迅速回中。随后学生立刻向左转身，使用并步的步法向左网前移动，挥拍后迅速回中。依次完成 5 个来回，并安排所有学生分组完成练习。

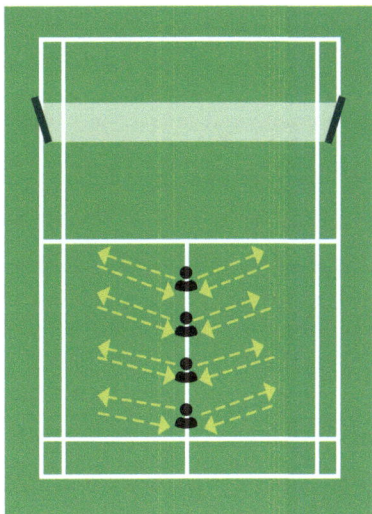

详情见 P70

D. 放松活动　按顺序和要求完成以下 6 个动作　⏱ 8~10 分钟

	动作	重复次数 / 保持时间 / 行进距离	页码
1	站姿股四头肌拉伸（静态）	左右两侧各 15~30 秒	详情见 P24
2	站姿体前屈	15~30 秒	详情见 P44
3	4 字拉伸	左右两侧各 15~30 秒	详情见 P14
4	横向一字拉伸	15~30 秒	详情见 P36
5	站立拉伸小腿	左右两侧各 15~30 秒	详情见 P43
6	猫狗式	10 次	详情见 P12

第 7 课

- ■ 教学目标　让学生熟练掌握交叉步的移动技术
- ■ 教学重点　让学生掌握交叉步的动作要领
- ■ 器材准备　球拍

A. 热身活动　按顺序和要求完成以下 6 个动作　⏱ 8~10 分钟

	动作	重复次数 / 保持时间 / 行进距离	页码
1	髋关节外展跳	30 次（左右算一次）	详情见 P28
2	向后弓步走 + 后伸	8~10 次（左右算一次）	详情见 P33
3	踝关节八字跳	30 次	详情见 P27
4	站姿股四头肌拉伸（动态）	8~10 次（左右算一次）	详情见 P24
5	小碎步	10 秒 ×2 组	详情见 P20
6	最伟大拉伸	8~10 次（左右算一次）	详情见 P15

B. 技术教学：交叉步　⏱ 8~15 分钟

1. 讲解并示范交叉步的方法。
2. 强调动作要领。
3. 指导学生模仿练习，可以根据人数进行分组练习。
4. 对学生的动作进行点评与纠正。

详情见 P54

C. 组织训练：交叉步练习　⏱ 16~25 分钟

1. 老师将学生组织到一起，详细讲解训练方法和动作步骤。

2. 将学生按照 4 人一组进行分组。一组学生成纵队均匀分散站在球场中线上。

3. 老师发布开始口令，中线上的学生使用交叉步的步法向右网前移动，挥拍后迅速回中。老师继续发布口令，学生使用交叉步的步法向左网前移动，挥拍后迅速回中。依次两侧交替完成 5 个来回，并安排所有学生分组完成练习。

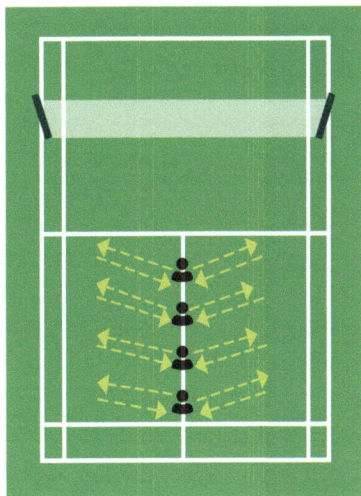

详情见 P71

D. 放松活动　按顺序和要求完成以下 6 个动作　⏱ 8~10 分钟

	动作	重复次数 / 保持时间 / 行进距离	页码
1	侧卧股四头肌拉伸	左右两侧各 15~30 秒	详情见 P13
2	坐姿体前屈	15~30 秒	详情见 P44
3	4 字拉伸	左右两侧各 15~30 秒	详情见 P14
4	内收肌坐式拉伸	左右两侧各 15~30 秒	详情见 P29
5	下犬 - 小腿拉伸	15~30 秒	详情见 P35
6	跪姿背阔肌拉伸	15~30 秒	详情见 P11

1　2　3　4　5

6

第 8 课

- **教学目标** 让学生熟练掌握蹬跨步的移动技术
- **教学重点** 让学生掌握蹬跨步的动作要领
- **器材准备** 球拍

A. 热身活动

按顺序和要求完成以下 6 个动作 ⏱ 8~10 分钟

动作	重复次数 / 保持时间 / 行进距离	页码
1 十字向心跳	10 次（前后左右算一次）	详情见 P37
2 抱膝前进	8~10 次（左右算一次）	详情见 P21
3 弓步跳	10~15 次（左右算一次）	详情见 P6
4 燕式平衡 + 体前屈	8~10 次（左右算一次）	详情见 P42
5 小碎步	10 秒 ×2 组	详情见 P20
6 毛毛虫爬	8~10 次 /8~10 米	详情见 P16

B. 技术教学：蹬跨步

⏱ 8~15 分钟

1. 讲解并示范蹬跨步的方法。

2. 强调动作要领。

3. 指导学生模仿练习，可以根据人数进行分组练习。

4. 对学生的动作进行点评与纠正。

详情见 P55

C. 组织训练：横跨步练习　⏱ 16~25 分钟

1.老师将学生组织到一起，详细讲解训练方法和动作步骤。

2. 学生分组站立，进行横跨步练习。老师发布开始口令后，学生进行横跨步练习，每名学生进行 10 次练习。直到所有学生完成练习。

向右

向左

详情见 P72

D. 放松活动　按顺序和要求完成以下 6 个动作　⏱ 8~10 分钟

	动作	重复次数 / 保持时间 / 行进距离	页码
1	双臂向后伸展上提	15~30 秒	详情见 P30
2	站姿股四头肌拉伸（静态）	左右两侧各 15~30 秒	详情见 P24
3	单腿屈髋拉伸（静态）	左右两侧各 15~30 秒	详情见 P23
4	4 字拉伸	左右两侧各 15~30 秒	详情见 P14
5	站立拉伸小腿	左右两侧各 15~30 秒	详情见 P43
6	猫狗式	8~10 次	详情见 P12

1　**2**　**3**　**4**　**5**　**6**

第 9 课

- **教学目标** 让学生熟练掌握蹬转步的移动技术
- **教学重点** 让学生掌握蹬转步的动作要领
- **器材准备** 球拍

A. 热身活动
按顺序和要求完成以下 6 个动作　⏱ 8~10 分钟

动作	重复次数 / 保持时间 / 行进距离	页码
1 髋关节外展跳	30 次（左右算一次）	详情见 P28
2 侧弓步（动态）	8~10 次（左右算一次）	详情见 P22
3 开合跳	30 次	详情见 P7
4 前弓步 + 上肢旋转	8~10 次（左右算一次）	详情见 P32
5 对侧肘碰膝垫步跳	30 次（左右算一次）	详情见 P25
6 最伟大拉伸	8~10 次（左右算一次）	详情见 P15

B. 技术教学：蹬转步
⏱ 8~15 分钟

1. 讲解并示范蹬转步的方法。
2. 强调动作要领。
3. 指导学生模仿练习，可以根据人数进行分组练习。
4. 对学生的动作进行点评与纠正。

详情见 P56

C. 组织训练：蹬转步练习　⏱ 16~25 分钟

1. 老师将学生组织到一起，详细讲解训练方法和动作步骤。

2. 学生分组站立，进行蹬转步练习。老师发布开始口令后，学生分别向左侧和右侧进行蹬转步练习，每名学生进行 10 次练习。直到所有学生完成练习。

向右侧　　　　　向左侧

详情见 P73

D. 放松活动　按顺序和要求完成以下 6 个动作　⏱ 8~10 分钟

	动作	重复次数 / 保持时间 / 行进距离	页码
1	侧卧股四头肌拉伸	左右两侧各 15~30 秒	详情见 P13
2	坐姿体前屈	15~30 秒	详情见 P44
3	4 字拉伸	左右两侧各 15~30 秒	详情见 P14
4	内收肌坐式拉伸	15~30 秒	详情见 P29
5	下犬 -小腿拉伸	15~30 秒	详情见 P35
6	跪姿背阔肌拉伸	15~30 秒	详情见 P11

第 10 课

- 教学目标　让学生了解并练习正手发高远球的技术动作，以做出准确的发球动作
- 教学重点　让学生掌握正手发高远球的动作要领
- 器材准备　羽毛球和球拍

A. 热身活动　按顺序和要求完成以下 6 个动作　⏱ 8~10 分钟

动作	重复次数 / 保持时间 / 行进距离	页码
1 开合跳	30 次	详情见 P7
2 TYW 字	10 次	详情见 P34
3 对侧肘碰膝垫步跳	30 次（左右算一次）	详情见 P25
4 毛毛虫爬	8~10 次（左右算一次）	详情见 P16
5 高抬腿	30~60 秒 /20~30 米	详情见 P41
6 最伟大拉伸	8~10 次（左右算一次）	详情见 P15

B. 技术教学：正手发高远球　⏱ 8~15 分钟

详情见 P57

1. 讲解并示范正手发高远球的方法。
2. 强调动作要领。
3. 指导学生模仿练习，可以根据人数进行分组练习。
4. 对学生的动作进行点评与纠正。

C. 组织训练：正手发高远球比赛　⏱ 16~25 分钟

1. 老师将学生组织到一起，详细讲解训练方法和动作步骤。

2. 将学生平均分成 8~10 人一组，每组学生均站在球网后，依次按照正手发高远球的技术要求进行命中篮子练习。每名学生有 10 次发球机会，羽毛球落入篮子 A 或 B 均计为命中。

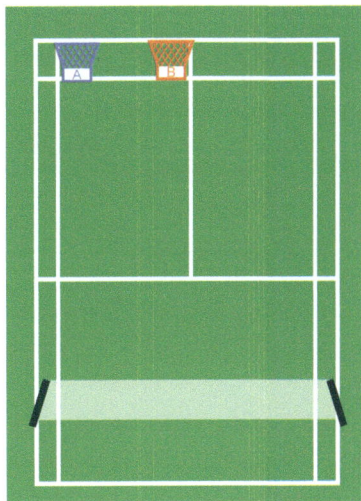

3. 累计命中篮子多的组获胜。

详情见 P74

D. 放松活动　按顺序和要求完成以下 6 个动作　⏱ 8~10 分钟

动作	重复次数 / 保持时间 / 行进距离	页码
1 双臂向后伸展上提	15~30 秒	详情见 P30
2 手腕屈伸	左右两侧各 15~30 秒	详情见 P31
3 弓步转体髂腰肌拉伸	左右两侧各 15~30 秒	详情见 P9
4 站姿股四头肌拉伸（静态）	左右两侧各 15~30 秒	详情见 P24
5 单腿屈髋拉伸（静态）	左右两侧各 15~30 秒	详情见 P23
6 站立拉伸小腿	左右两侧各 15~30 秒	详情见 P43

第 11 课

- **教学目标** 让学生了解并练习正手发网前球的技术动作，以做出准确的发球动作
- **教学重点** 让学生掌握正手发网前球的动作要领
- **器材准备** 羽毛球和球拍

A. 热身活动

按顺序和要求完成以下 6 个动作 ⏱ 8~10 分钟

动作	重复次数 / 保持时间 / 行进距离	页码
1 对侧肘碰膝垫步跳	30 次（左右算一次）	详情见 P25
2 TYW 字	10 次	详情见 P34
3 登山步	30 次（左右算一次）	详情见 P18
4 燕式平衡 + 体前屈	8~10 次（左右算一次）	详情见 P42
5 侧滑步	左右两侧各 30 次	详情见 P39
6 前弓步 + 上肢旋转	8~10 次（左右算一次）	详情见 P32

B. 技术教学：正手发网前球

⏱ 8~15 分钟

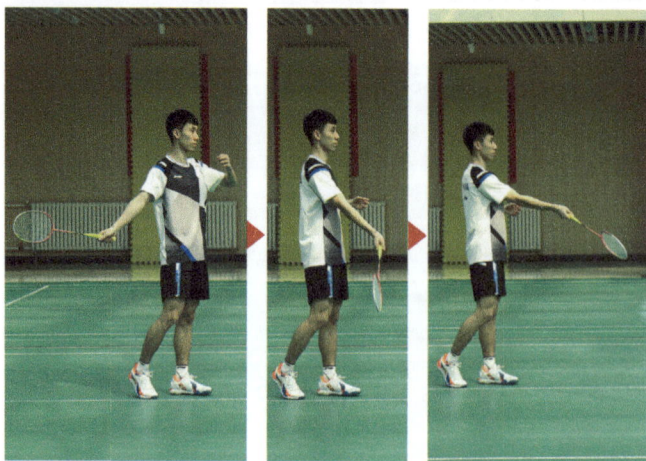

1. 讲解并示范正手发网前球的方法。
2. 强调动作要领。
3. 指导学生模仿练习，可以根据人数进行分组练习。
4. 对学生的动作进行点评与纠正。

详情见 P58

C. 组织训练：正手发网前球比赛 ⏱ 16~25 分钟

1. 老师将学生组织到一起，详细讲解训练方法和动作步骤。

2. 将学生平均分成 8~10 人一组，每组学生均站在球网后，依次按照正手发网前球的技术要求进行命中篮子练习。每名学生有 10 次发球机会，羽毛球落入篮子 A 或 B 均计为命中。

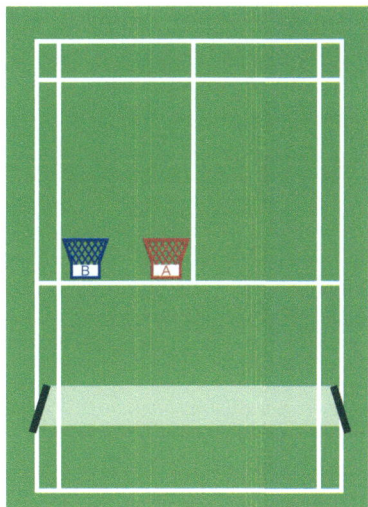

3. 累计命中篮子多的组获胜。

详情见 P75

D. 放松活动 按顺序和要求完成以下 6 个动作 ⏱ 8~10 分钟

	动作	重复次数 / 保持时间 / 行进距离	页码
1	站姿菱形肌拉伸	15~30 秒	详情见 P8
2	肱三头肌拉伸	左右两侧各 15~30 秒	详情见 P26
3	手腕屈伸	左右两侧各 15~30 秒	详情见 P31
4	站姿股四头肌拉伸（静态）	左右两侧各 15~30 秒	详情见 P24
5	站姿体前屈	15~30 秒	详情见 P44
6	下犬 - 小腿拉伸	15~30 秒	详情见 P35

1 2 3 4 5 6

第 12 课

- 教学目标　让学生了解并练习反手发网前球的技术动作，以做出准确的发球动作
- 教学重点　让学生掌握反手发网前球的动作要领
- 器材准备　羽毛球和球拍

A. 热身活动　按顺序和要求完成以下 6 个动作　⏱ 8~10 分钟

动作	重复次数 / 保持时间 / 行进距离	页码
1　垫步直臂环绕	30 次（左右算一次）	详情见 P40
2　TYW 字	10 次	详情见 P34
3　十字向心跳	10 次（前后左右算一次）	详情见 P37
4　单腿屈髋拉伸（动态）	8~10 次（左右算一次）	详情见 P23
5　弓步跳	10~15 次（左右算一次）	详情见 P6
6　侧弓步（动态）	8~10 次（左右算一次）	详情见 P22

B. 技术教学：反手发网前球　⏱ 8~15 分钟

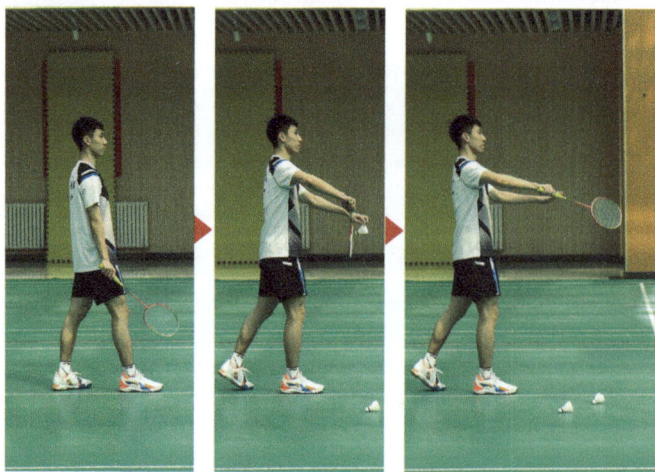

1. 讲解并示范反手发网前球的方法。
2. 强调动作要领。
3. 指导学生模仿练习，可以根据人数进行分组练习。
4. 对学生的动作进行点评与纠正。

详情见 P59

C. 组织训练：反手发网前球比赛　⏱ 16~25 分钟

1. 老师将学生组织到一起，详细讲解训练方法和动作步骤。

2. 将学生平均分成 8~10 人一组，每组学生均站在球网后，依次按照反手发网前球的技术要求进行命中篮子练习。每名学生有 10 次发球机会，羽毛球落入篮子 A 或 B 均计为命中。

3. 累计命中篮子多的组获胜。

详情见 P76

D. 放松活动　按顺序和要求完成以下 6 个动作　⏱ 8~10 分钟

动作	重复次数 / 保持时间 / 行进距离	页码
1　手腕屈伸	左右两侧各 15~30 秒	详情见 P31
2　肱三头肌拉伸	左右两侧各 15~30 秒	详情见 P26
3　双臂向后伸展上提	15~30 秒	详情见 P30
4　侧卧股四头肌拉伸	左右两侧各 15~30 秒	详情见 P13
5　坐姿体前屈	15~30 秒	详情见 P44
6　站立拉伸小腿	左右两侧各 15~30 秒	详情见 P43

1　**2**　**3**　**4**　**5**　**6**

第13课

- **教学目标** 让学生熟练掌握接发球的基本姿势，并能够在接发球练习中熟练地运用
- **教学重点** 让学生掌握接发球的动作要领
- **器材准备** 羽毛球和球拍

A. 热身活动　按顺序和要求完成以下6个动作　⏱ 8~10分钟

动作	重复次数/保持时间/行进距离	页码
1 髋关节外展跳	30次（左右算一次）	详情见 P28
2 抱膝前进	8~10次（左右算一次）	详情见 P21
3 弓步跳	10~15次（左右算一次）	详情见 P6
4 前弓步+上肢旋转	8~10次（左右算一次）	详情见 P32
5 侧滑步	左右两侧各30次	详情见 P39
6 毛毛虫爬	8~10次/8~10米	详情见 P16

B. 技术教学：接发球　⏱ 8~15分钟

1. 讲解并示范接发球的方法。
2. 强调动作要领。
3. 指导学生模仿练习，可以根据人数进行分组练习。
4. 对学生的动作进行点评与纠正。

详情见 P60

C. 组织训练：正反手接网前球练习　⏱ 16~25 分钟

1. 老师将学生组织到一起，详细讲解训练方法和动作步骤。

2. 让学生两人一组，一人供球一人接球。发球者分别向接球者的左右两侧抛球，接球者结合步法用正手和反手回击球。每名接球者有 10 次机会，之后两人交换，直至所有学生都完成练习。

正手击球

反手击球

详情见 P77

D. 放松活动　按顺序和要求完成以下 6 个动作　⏱ 8~10 分钟

动作	重复次数 / 保持时间 / 行进距离	页码
1　手腕屈伸	左右两侧各 15~30 秒	详情见 P31
2　肱三头肌拉伸	左右两侧各 15~30 秒	详情见 P26
3　站姿肩外旋肌拉伸	左右两侧各 30 秒	详情见 P10
4　站姿股四头肌拉伸（静态）	左右两侧各 15~30 秒	详情见 P24
5　站姿体前屈	15~30 秒	详情见 P44
6　4 字拉伸	左右两侧各 15~30 秒	详情见 P14

第 14 课

- **教学目标** 让学生熟练掌握后场击直线高远球的技术动作要领，并进行练习
- **教学重点** 让学生掌握后场击直线高远球的动作要领
- **器材准备** 羽毛球和球拍

A. 热身活动

按顺序和要求完成以下 6 个动作　　⏱ 8~10 分钟

动作	重复次数 / 保持时间 / 行进距离	页码
1 十字向心跳	10 次（前后左右算一次）	详情见 P37
2 TYW 字	10 次	详情见 P34
3 垫步直臂环绕	30 次（左右算一次）	详情见 P40
4 燕式平衡 + 体前屈	8~10 次（左右算一次）	详情见 P42
5 登山步	30 次（左右算一次）	详情见 P18
6 侧弓步 + 体前屈	8~10 次（左右算一次）	详情见 P38

B. 技术教学：后场击直线高远球

⏱ 8~15 分钟

1. 讲解并示范后场击直线高远球的方法。
2. 强调动作要领。
3. 指导学生模仿练习，可以根据人数进行分组练习。
4. 对学生的动作进行点评与纠正。

详情见 P61

C. 组织训练：正手高远球练习　⏱ 16~25 分钟

1. 老师将学生组织到一起，详细讲解训练方法和动作步骤。

2. 学生两人一组，一人供球一人接球。发球者分别向接球者的左右两侧后场发球，接球者分别在正手位和反手位向对方后场正手击高远球。每名接球者有 10 次机会，之后两人交换，直至所有学生都完成练习。

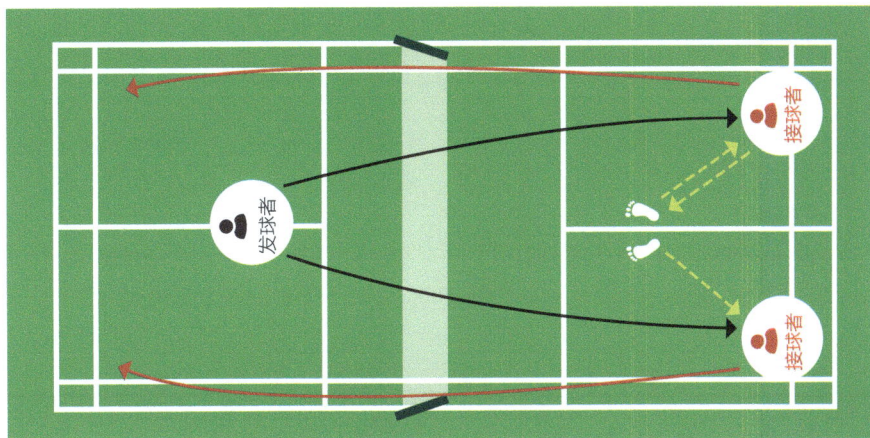

详情见 P78

D. 放松活动　按顺序和要求完成以下 6 个动作　⏱ 8~10 分钟

动作	重复次数 / 保持时间 / 行进距离	页码
1 手腕屈伸	左右两侧各 15~30 秒	详情见 P31
2 双臂向后伸展上提	15~30 秒	详情见 P30
3 站姿菱形肌拉伸	15~30 秒	详情见 P8
4 侧卧股四头肌拉伸	左右两侧各 15~30 秒	详情见 P13
5 单腿屈髋拉伸（静态）	左右两侧各 15~30 秒	详情见 P23
6 下犬 - 小腿拉伸	15~30 秒	详情见 P35

第 15 课

- 教学目标 让学生熟练掌握挑球的技术动作，并能够在比赛中实践
- 教学重点 让学生掌握挑球的动作要领
- 器材准备 羽毛球和球拍

A. 热身活动 按顺序和要求完成以下 6 个动作 ⏱ 8~10 分钟

动作	重复次数 / 保持时间 / 行进距离	页码
1 髋关节外展跳	30 次（左右算一次）	详情见 P28
2 前弓步 + 上肢旋转	8~10 次（左右算一次）	详情见 P32
3 垫步直臂环绕	30 次（左右算一次）	详情见 P40
4 TYW 字	10 次	详情见 P34
5 波比跳	15~20 次	详情见 P17
6 毛毛虫爬	8~10 次 /8~10 米	详情见 P16

B. 技术教学：挑球 ⏱ 8~15 分钟

1. 讲解并示范挑球的方法。
2. 强调动作要领。
3. 指导学生模仿练习，可以根据人数进行分组练习。
4. 对学生的动作进行点评与纠正。

详情见 P62

正手挑球

反手挑球

C. 组织训练：挑球练习　⏱ 16~25 分钟

1. 老师将学生组织到一起，详细讲解训练方法和动作步骤。

2. 让学生两人一组，一人供球一人接球。发球者分别向接球者的左右两侧抛球，接球者分别在正手位和反手位回击挑球。每名接球者有 10 次机会，之后两人交换，直至所有学生都完成练习。

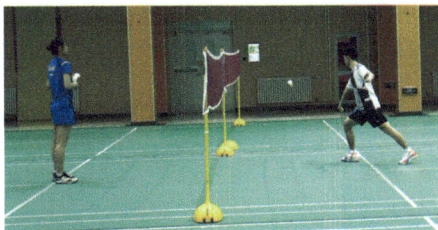

正手挑球

反手挑球

详情见 P79

D. 放松活动　按顺序和要求完成以下 6 个动作　⏱ 8~10 分钟

动作	重复次数 / 保持时间 / 行进距离	页码
1　手腕屈伸	左右两侧各 15~30 秒	详情见 P31
2　站姿肩外旋肌拉伸	左右两侧各 15~30 秒	详情见 P10
3　肱三头肌拉伸	左右两侧各 15~30 秒	详情见 P26
4　站姿股四头肌拉伸（静态）	左右两侧各 15~30 秒	详情见 P24
5　坐姿体前屈	15~30 秒	详情见 P44
6　站立拉伸小腿	左右两侧各 15~30 秒	详情见 P43

第 16 课

- **教学目标** 让学生熟练掌握搓球的技术动作，并能够在比赛中实践
- **教学重点** 让学生掌握搓球的动作要领
- **器材准备** 羽毛球和球拍

A. 热身活动 按顺序和要求完成以下 6 个动作 ⏱ 8~10 分钟

动作	重复次数 / 保持时间 / 行进距离	页码
1 开合跳	30 次	详情见 P7
2 TYW 字	10 次	详情见 P34
3 对侧肘碰膝垫步跳	30 次（左右算一次）	详情见 P25
4 前弓步 + 上肢旋转	8~10 次（左右算一次）	详情见 P32
5 登山步	8~10 次（左右算一次）	详情见 P18
6 侧弓步 + 体前屈	8~10 次（左右算一次）	详情见 P38

B. 技术教学：搓球 ⏱ 8~15 分钟

正手搓球　　反手搓球

1. 讲解并示范搓球的方法。
2. 强调动作要领。
3. 指导学生模仿练习，可以根据人数进行分组练习。
4. 对学生的动作进行点评与纠正。

详情见 P63

C. 组织训练：搓球练习　⏱ 16~25 分钟

1. 老师将学生组织到一起，详细讲解训练方法和动作步骤。

2. 学生两人一组，一人供球一人接球。发球者分别向接球者的左右两侧网前抛球，接球者分别在正手位和反手位回搓网前球。每名接球者有 10 次机会，之后两人交换，直至所有学生都完成练习。

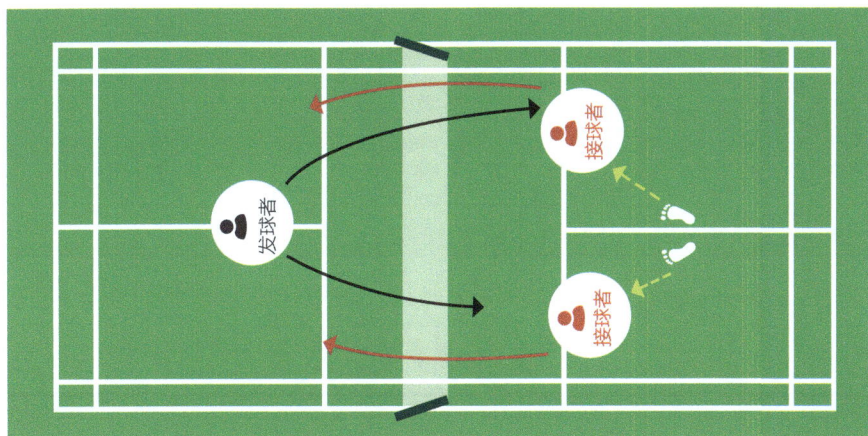

详情见 P80

D. 放松活动　按顺序和要求完成以下 6 个动作　⏱ 8~10 分钟

	动作	重复次数 / 保持时间 / 行进距离	页码
1	手腕屈伸	左右两侧各 15~30 秒	详情见 P31
2	双臂向后伸展上提	15~30 秒	详情见 P30
3	站姿肩外旋肌拉伸	左右两侧各 15~30 秒	详情见 P10
4	侧卧股四头肌拉伸	左右两侧各 15~30 秒	详情见 P13
5	坐姿体前屈	15~30 秒	详情见 P44
6	下犬 - 小腿拉伸	15~30 秒	详情见 P35

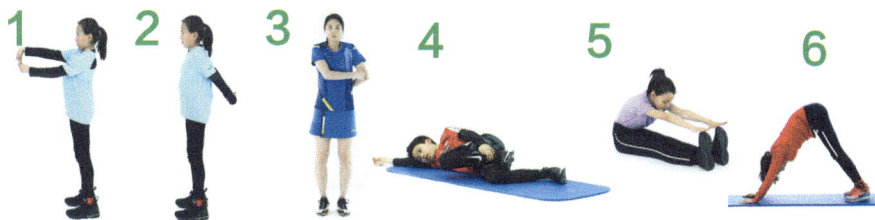

第6章

常见运动损伤与预防

羽毛球属于技战能力主导类隔网对抗性项目，竞赛特点主要表现在：由短时间的一次高强度用力与短时间的一次间歇交替组成的长时间运动，对爆发力要求较高。儿童青少年处于身体快速发育阶段，可能存在对项目的认知不足、技术水平还不成熟等问题，导致更容易出现运动损伤。据研究统计，手肘、肩袖与踝关节扭伤是儿童青少年最容易出现的运动损伤。本章从儿童青少年生理特点出发，主要介绍儿童青少年常见的运动损伤及其预防方法。

6.1 儿童青少年生理特点与运动损伤之间的关系

● 骨骼特点

软骨成分多，水分多，有机物质多，无机盐少，骨松质较多，骨密质较少。虽然富有弹性，却不坚固。

→ 骨头不容易发生完全骨折，不过容易弯曲、变形。

● 肌肉特点

水分多，无机盐、蛋白质、脂肪少。

→ 肌肉收缩机能差，耐力差，比较容易产生疲劳。

● 神经特点

神经活动不稳定，不易抑制，容易兴奋。

→ 注意力不集中。

● 关节特点

关节面软骨厚，关节囊、韧带的延展性强，周围肌肉细长。关节活动范围大，但牢固性差。

→ （有较大外力作用时）关节脱位。

骨骼 ↓ 弯曲、变形

肌肉 ↓ 疲劳

神经 ↓ 注意力不集中

关节 ↓ 脱位

6.2 羽毛球运动员常见的运动损伤

● 运动损伤的定义

　　运动损伤是指在参加运动或锻炼时发生的组织损伤。根据损伤的部位，可将其分为：骨骼系统损伤，韧带和关节损伤，肌肉和肌腱损伤。

骨骼系统损伤

● 骨挫伤

　　接触类体育运动中的常见损伤，是发生在骨头上的直接创伤，但不会导致骨折。儿童青少年由于肌肉骨骼系统尚未发育成熟，在运动中容易发生骨挫伤，多见于脚踝、手腕以及坐骨处。

● 急性骨折

　　骨骼突然弯曲、扭曲或受压而发生立即断裂，有明显局部疼痛和肿胀。常见于高对抗类体育运动中。

● 应力性骨折

　　因过度使用而导致的骨骼损伤，是正常骨骼受到反复应力作用而导致的微骨折，需借助 MRI 或 CT 才能确诊。

韧带和关节损伤

● 踝关节损伤

　　踝关节是羽毛球运动中极易受伤的部位。由于羽毛球落点变化大，打球者需要不停地移动，很多人冲到网前跨步接球时，因速度太快而习惯用脚尖着地，这样的做法很容易使踝关节局部负荷过大。加上肌肉力量不足，很容易导致踝关节韧带扭伤。如果姿势长期错误，还会造成踝关节创伤性滑膜炎。

● 膝关节损伤

膝关节损伤往往与跳起扣杀后落地姿势不佳有关。做跳起动作时要格外小心，因为跳起后落地时，人体容易失去平衡；或者两腿靠拢不够，使小腿突然外展、外旋；或者小腿固定，大腿突然内收、内旋；极有可能造成膝内侧韧带损伤，甚至内侧半月板损伤。如果屈曲的膝关节和小腿突然内收、内旋，或者小腿固定，大腿突然外展、外旋，则会引起膝外侧韧带损伤，甚至外侧半月板损伤。

● 髋关节损伤

髋关节是下肢最灵活的关节，所有的跑动类项目都需要强韧有力、灵活协调的髋关节。在羽毛球项目中，腹股沟韧带拉伤是运动员常见的髋关节损伤。腹股沟韧带位于小腹斜下侧靠近大腿位置，通常侧向蹬伸、转身冲刺易引起拉伤。另外，在运动员受到制动或摔倒时也容易引发盂唇损伤。

● 腰椎损伤

在突然的位移、对抗或是跳跃下落时容易发生腰部扭伤。腰椎的损伤多发于第 4、5 腰椎以及腰骶间的扭伤、错位。另外，由于儿童青少年骨骼肌肉系统尚未发育成熟，在进行力量训练中也容易引发腰椎损伤。

● 腕关节损伤

由于羽毛球的技术要求，无论是击打、扣杀，还是吊、挑、推、扑、勾球时都要求手腕有基本的后伸和外展的动作，然后随着不同的技术要求，手腕要快速伸直、闪动、鞭打击球，或者手腕由后伸外展到内收，内旋、闪动、切击球，手腕在这种快速动作中，还要不断做出不同角度的内外旋及屈收动作，从而导致腕关节损伤。

● 肩关节损伤

扣杀球时应将力量集中在腕关节，击球瞬间肌肉收缩，其他时间肌肉应放松。如果击球时将力量集中在了肩关节且肌肉始终保持紧张，就很容易使肩关节受伤。

肌肉和肌腱损伤

● 股四头肌拉伤

股四头肌是下肢大肌群之一，位于大腿前侧，容易在快跑时因肌肉快速离心收缩引起拉伤。

● 腘绳肌拉伤

　　腘绳肌是蹬伸加速的主要发力肌肉，位于大腿后侧，容易在加速或变向的急起急停时引起拉伤。

● 肌腱炎

　　由重复运动或受伤引起的肌腱或肌腱周围的肌腱鞘发炎也是常见的肌肉损伤。这一损伤主要是由过度使用或用力方式不正确引起的，常见的肌腱炎有肱骨外上髁炎（即网球肘）、胫骨结节炎、足底筋膜炎等。

6.3 运动损伤应急处理

　　运动必然伴随损伤风险，特别是针对儿童青少年群体，面对突发损伤情况，老师、教练或家长正确、及时的应急处理可以最大限度地保护伤者，减少炎症发生、缓解疼痛以及避免二次创伤。下文提供了几类急性损伤的应急处理方法，但主要是针对伤情不严重的情况，教练或家长应该对儿童青少年受伤情况的轻重缓急做出基本或准确的判断，在面对伤势较重或无法处理的情况时，应及时寻找专业医务人士或抓紧去医院治疗，不要耽误时机。

开放性软组织损伤

　　开放性软组织损伤主要表现为受伤部位的皮肤或黏膜有破损，形成伤口或组织外露，由于伤口存在感染危险，如果早期处理不当，容易引发感染，甚至危及生命。

　　开放性软组织损伤的处理原则为止血和防止伤口感染。

● 压迫止血

　　使用干净的衣物填充压迫伤口止血。四肢大出血时应采用止血带，但需定时放松，防止肢体坏死。止血后应当及时就医。

● 抬高患肢

　　使出血部位高于心脏，降低该处血压，减少血流量，从而止血。主要用于四肢少量出血的情况。

● 冰敷

　　一般与前两种方式同时使用，进行止痛、止血、减少肿胀。

● 清洁消毒

　　先用碘伏或酒精消毒液对创口进行消毒，再用纱布或创可贴对受伤部位进行包扎处理，随后及时就医。

闭合性软组织损伤

　　闭合性软组织损伤主要表现为局部皮肤或黏膜完整，无伤口与外界相通，损伤时的出

血积聚在组织内。当身体受钝力作用，肌肉猛烈收缩，关节活动超越正常范围或劳损时通常会引起闭合性软组织损伤。该类损伤中急性多于慢性，若急性损伤治疗不当、不及时或过早参加训练，可能会转化为慢性损伤。

轻微至中等闭合性软组织损伤通常采用国际通用 POLICE 应急处理原则。

● P—Protect：保护

当损伤发生后，应立刻停止运动，保护受伤部位，在他人帮助下尽快离开运动场所。如果受伤后无法自主活动，应在安全的情况下，尽可能以适当的保护工具或姿势进行防护，避免受伤处加重或受二次创伤。

● OL—Optimal Loading：最优负荷

从受伤时起（特别是关节扭伤后），可在有保护和不引起受伤部位明显疼痛的前提下，采用适当负荷进行积极性的活动。适当负荷刺激可以促进细胞反应和组织结构重塑，这种轻柔舒缓的活动有利于恢复。须注意的是，在活动过程中要合理控制强度，对受伤的部位持续加以保护。

● I—Ice：冰敷

一般受伤后不超过 24 小时都可以选择冰敷，单次冰敷以 10 ~ 20 分钟为宜，冰敷可以有效控制受伤部位的肿胀和炎症，并在一定程度上缓解疼痛。如果没有合适的冰袋，可先用凉水冲洗，再寻找合适冰敷装置。须注意的是，对于儿童青少年，一般不将冰袋直接与其皮肤接触，最好在皮肤和冰袋之间垫层毛巾，以避免冻伤。如果是冰敷关节部位，可以每 5 分钟拿开冰袋，稍微活动下关节再继续。

● C—Compression：加压包扎

加压包扎的方法要配合冰敷，使用有弹力的绷带将冰袋绑在受伤处，捆绑的时候稍稍用力，根据主观的疼痛感觉，给予一定的压力。加压的主要作用是帮助控制或减少肿胀，并通过对四肢施压增大组织压力从而减少内出血，同时也有减缓伤口发炎、减少组织液渗出的作用。

● E—Elevation：抬高

抬高是将受伤的部位抬高，原则上 48 小时内都应该抬高患肢，患肢抬高的高度至少超过心脏位置，如果是上肢受伤可以借助吊带将肢体吊起，如果下肢受伤可以使用坐姿抬高腿或平躺时腿下垫个枕头。抬高的目的是加速血液和淋巴液回流，通过减少组织液渗出减轻患肢水肿，从而缓解疼痛和加速康复。

6.4　常见运动损伤的预防

儿童青少年运动损伤预防主要原则

儿童青少年运动损伤预防主要原则

1. 提高风险意识，预防和运动同等重要
2. 有专业人士（教师、教练）监护和指导
3. 创造安全的运动环境
4. 提升运动时的专注度和注意力
5. 遵循科学训练原则，循序渐进

儿童青少年运动损伤预防主要措施

- **运动前做好充分的准备活动**

　　每次运动前都必须有热身或准备活动环节。热身活动可以提高机体温度，促进血液循环，提高肌肉的收缩性能，有效降低肌肉的黏滞性，增加关节活动幅度，减少损伤的发生概率。

- **注重基本技术动作练习**

　　错误的动作往往是运动损伤的潜在诱因，特别是针对儿童青少年，一定要注重体能训练、运动专项的练习质量，形成正确、合理的动作模式，训练中动作质量重要程度远远高于动作数量。

- **选择运动服饰和佩戴防护装备**

　　儿童青少年运动时一定选择舒适的运动衣服和合适大小的运动鞋，此外，进行篮球、足球、自行车等各项专项运动时，需要佩戴一些必备的专业护具，比如护膝、护腿板、头盔、防摔衣等。

青少年体育活动课程设计：羽毛球运动

● 重视基础体能，提高体能水平

儿童青少年无论学习哪一种体育项目，都要注重基础体能的练习。在基础体能和专项技术之间，应该先提升孩子的基础运动技能，有了正确的动作模式，和一定的力量、速度、爆发力、灵敏、协调等方面的身体素质，并加强了骨骼肌肉系统和神经肌肉控制系统之后，再参加竞技性体育运动才是最好的选择，这不仅将大幅降低儿童青少年运动损伤的发生概率，还有助于更好的运动表现。

● 训练后及时恢复放松

锻炼后及时进行放松，是一种从小就需要养成的良好运动习惯。尽管儿童青少年生长激素水平高，新陈代谢和疲劳消除都很快，但同样也需要在运动后使用静态拉伸、软组织松解等恢复放松手段，从而取得更好的恢复效果，同时提升儿童青少年的柔韧性和肌肉弹性，预防运动损伤。